햇비

햇비

초판 1쇄 발행 | 2024년 3월 5일

지은이 | 김미란
펴낸이 | 김명숙
펴낸곳 | 책마루

등록 | 제301-2008-133
주소 | 서울 중구 퇴계로235 남산자이 304호
전화 | 02-2279-6729
전송 | 02-2266-0452

ISBN 978-89-98437-24-4

※ 저자와의 협의에 의해 인지는 생략합니다.
※ 이 책의 무단복제행위를 금합니다.

일러두기
*한글 표기를 원칙으로 하되 필요에 따라 외국어와 한자를 사용하였습니다.
*시의 특성상 허용되는 방언과 고어 및 고유어를 사용하되 해석을 달았습니다.
*이 책에 실린 작품은 문학 계간지 『生活文學』, 『문학생활』 및 지면에 발표된 작품입니다.

햇비

김미란

책마루

시인의 말

저를 내려놓습니다.
불구덩이 가운데서
함께 걸어주셨던 분이여,
바라고 바라오니
당신의 얼굴
제 얼굴에 새겨지게 하소서.
살아가는 일
투쟁이나 강청 아니라
당신 뜻에 저를 맞추는 것이니
조용히 신을 벗고
저를 쏟아 놓습니다.

2024. 정릉천 봄빛 아래서
　　　김미란

|차례|

시인의 말 | 5

1부 | what a wonderful world

- 13 _ 세상에서
- 14 _ 망막박리 레이저 시술
- 16 _ 시월 그리기
- 17 _ 수면양말
- 19 _ 겨울 아침
- 20 _ 원본의 상실(1)
- 22 _ 그립다는 것
- 23 _ 가을을 중얼거리다
- 24 _ 삼천 원어치 사면서
- 26 _ 자리바꿈
- 27 _ 아침입니다
- 29 _ 안녕하십니까?
- 30 _ 내가 좋아하는 것들
- 33 _ 늦봄에
- 35 _ 계절 나기
- 37 _ What a wonderful world
- 39 _ 설렁탕
- 41 _ 도시락
- 42 _ 파란색 간선버스 맨 뒷자리 앞 1인용 의자에 앉으면

2부 | 햇비

47 _ 보말죽
49 _ 정동길 재즈
51 _ 아르메니아의 눈동자
53 _ 경계인
55 _ 햇비
57 _ 충주 읍성 석누조
59 _ 구럼비낭
61 _ 교동도 짜장면집
62 _ 끝섬
64 _ 요코하마 양귀비
66 _ 머물고 있는
68 _ 제주, 먼나무

3부 | 새벽 목욕

73 _ 새벽 목욕
74 _ 편견
75 _ 처절한 고백
77 _ 바보
79 _ 천로역정
81 _ 미련하다
83 _ 계단 주의
84 _ 기경
85 _ 축
86 _ 침향
88 _ 부디
90 _ 깊은 강에서
91 _ 화장
92 _ 메도티
94 _ 부끄러운 기도
95 _ 설거지
96 _ 갈대 지팡이
97 _ 가면
98 _ 빈 그릇
100 _ 허기

4부 | 나무 타령

103 _ 살맛
104 _ 3월 살이
106 _ 나는 한 마리 새다
108 _ 소명(1)
109 _ 갈망
110 _ 나무 타령
112 _ 물 위를 걷다
114 _ 개나리
115 _ 한여름의 얼음냉수
117 _ 초록에 관한 보고서
118 _ 초대장
119 _ 어떤 하루
120 _ 은총
122 _ 소명(2)
124 _ 민달팽이
125 _ 동행 일기
127 _ 이제라도
128 _ 은 나팔
129 _ 야생마
130 _ 나의 힘
132 _ Revival : 부흥

5부 | 아버지의 거루마이

137 _ 저녁 무렵
138 _ 아버지의 거루마이
140 _ 거울
141 _ 어머니의 정류장
143 _ 그 새
144 _ 괜찮아 괜찮아
146 _ 눈 내리는 날
147 _ 넋두리
149 _ 이사
150 _ 지산아
152 _ 우리 동네 치킨 가게
154 _ 여열
156 _ 비가 오다
157 _ 어미
159 _ 대물림
160 _ 너의 결혼식
161 _ 시 빚는 밤
162 _ 지수야
164 _ 창가에서
166 _ 가요무대

해설 | 황은수 시인

167 _ 삶에 대한 사랑이 가득한 기도와 소망의 시

1부 | what a wonderful world

뜀박질하던 해가
동네 김밥집 뾰족지붕에 걸터앉은
오후 끄트머리입니다

「what a wonderful world」 중에서

세상에서

선인장 가득한 세상살이는
생각을 시끄럽게 멱살 잡고
회초리보다 엄하게 두려움 퍼트린다

아무렇지 않게
또 하루 구겨 넣은 낡은 구두
천박한 유혹에 스텝 꼬여 비틀거리니
사는 것이 혼돈이다
호흡이 죄책감이다

조각조각 부서진 소망이
골목길에 흩어지던 아침,
탄식의 기도 애통의 눈물이
때 절은 장막 찢어버린다
절박한 그 틈새로
붉은 햇살 한 자락
갯솜처럼 내 영혼에 스며들어
살아가라 토닥이며
숨 쉴 평안 넉넉히 덮어 준다

망막박리 레이저 시술

많이 봤다. 정말 줄기차게 썼다. 문제 생길 나이 되었다. 컴퓨터와 휴대전화 없으면 일상 어려우니 이럴 줄 알았다. 왼쪽 눈에 하루살이 날고 가득한 뿌연 안개. 동네 안과 찾았다. 숙달된 의사 산동제로 확대한 동공에 낯선 검사만 한다. 망막박리 증세 소견서 출력해 건네며 말한다, 큰 병원 가라고. 정확한 타이밍의 부담과 긴장 태산으로 막아선다. 고칠 수 있는 병 감사하자고 스스로 다독이는데도.

며칠 벼르다 찾은 그야말로 큰 병원. 두어 차례 검사하고 레이저 시술받았다. 다시 넣은 산동제. 커진 동공 대신 사라진 초점. 40분 기다리니 이름 부른다. 신경 자극하는 황금색 광선 팍팍 팍팍 수십 번 눈에 발사. 처음 느껴보는 야릇한 통증. 눌러도 눌러도 신음 계속 나온다. 기계에 이마와 턱 얹고 버둥거린다. 간호사는 힘껏 뒤통수 누른다. 5분 만에 끝난 그 엄청난 첨단 치료. 약 기운 떨어지며 가시덤불 벗어나니 예민해진 육신이 잠 부른다. 자꾸 잠만 부른다. 자꾸 잠만 … 잠 …

굶어봐야 남 배고픈 거 안다던가?
소금 절은 오이지로 아파보니 남들 병치레 가슴으로 느껴진다.
사람 되려면 아직도 멀었다.

시월 그리기

헐죽한 여름 해
그늘서 선잠 자고
종종걸음 시곗바늘
서투른 가을 붓질하는데
황금 바람 붉은 노래
몰아 뛰는 한나절
잘 익은 설렘
갤판에 눌러 짜고
기다림 함께 풀어
피카소나 따라나설까?

은단 향 스멀대는
산.
산.
산.
산.
붓끝에 흠뻑 묻혀
기가 막힌 시월을
나는,
그려볼 참이다

수면양말

우습게 봤다
밤바람 선득해졌는데
맨발로 앉은 저녁 내내
무말랭이처럼 비틀어지는 발가락
아예 아려온다

'벌떡 일어나 양말 하나 챙겨 신어야지'
속으로 백번도 더 중얼중얼
엉덩이는 무쇠솥단지
'차라리 반쯤 열린 창문이라도 닫을까?'
한 번만 일어나면 될 것을
맘속으론 창문도 이미 열 번은 닫았다

얕볼 게 아니다
싸늘한 밤기운에 눌려
내 발가락 내 것이 아니다
슬슬 오한도 밀려온다

에라 모르겠다
솥단지 결국은 일어나

두툼한 수면양말 챙겨 신는다
진작 이럴걸
무말랭이 발가락 온몸을 쫙 편다

겨울 아침

보푸라기 일어난 낡은 스웨터가 고마운 이른 아침. 속 빈 몸에 들이치는 한기(寒氣).
전기포트 전원 올리고 서리 시린 유리창 내다보니 계절을 아직도 알아차리지 못한 이파리들 영혼 없이 아스팔트 뒹굴고 어디선가 달려오는 황소바람 곡을 하듯 흐느끼는데 온돌바닥 따스운 온기 그리워지는 이맘때는 한소끔 끓여 건네시던 어머니 사골 우거짓국 한 그릇 하면 좋겠다.

흐리멍덩한 하늘 보니
진눈깨비라도 내리려나?
창밖엔 동장군 춤사위 한창이라도
이제
뜨거운 차 한 잔 만들어 마시고
주신 하루 감사하게 시작해 봄세.

원본의 상실(1)

억지가 칼 가는 밤
생각들은 꼬리에 꼬리 물고
반항하던 몸뚱이가
노동보다 지치는 피곤
유난히 또렷한 승강기 소리에
달아나는 집중 붙들어
솜뭉치 잠 찾아 발버둥 친다

눈꺼풀 내려앉은 가로등 꾸벅이고
어느새 달그림자도 옮겨간 지 오래
애꿎은 이불만 이리 풀썩 저리 풀썩
발가락만 꼼지락꼼지락
두루뭉술한 공간 만든다

갑자기 달려가는 차가운 구급차 비명
빚쟁이처럼 이런 날 내게도 찾아오면
어떻게 해야 하나
값도 없을 상상은 또 새로운 동굴을 판다

한 줌
한 줌
시간은 모래성을 쌓고
물에 풀어지는 휴지처럼
맥 못 추는 고약한 밤
잠을 자야 할 텐데 …
잠을 자야 할 텐데 …

그립다는 것

예민하게
내 안에서 벼리는* 애절함
해 바뀌며 꾸덕꾸덕 말라가더니
깊은 한숨 언저리에
농 짙은 무화과로 맺혔다

버릴 수 없는 건
품어 안고 가는 게 맞지
그러다 체기 되어 숨이라도 막으면
두 다리 뻗고
통곡 한 번 하면 된다

그럭저럭 살다 보면
독한 그리움도
일상에 비벼져
몸뚱이 어느 구석에서
옹이로 굳어간다더라

*벼리는: 무디어진 연장의 날을 불에 달구어 두드려서 날카롭게 만드는.

가을을 중얼거리다

떼쓰며 나둥그러지던 폭염이
거만과 초록
다 내려놓고 집으로 갔다
바람이 달라진다
가을 양지가 그 바람 품는다

헌 상자처럼 무심코 던져뒀던
면도칼 편견과
매몰찬 미움의 매듭들
빨간 단풍잎 떨어질 때마다
풀어가는 용서의 손가락

그렇구나
지끈대며 셈 맞추지 않아도
격하게 줄다리기 안 해도
계절이 오늘처럼 제 발로 찾아오니
약속의 날 이르기 전에
사랑과 감사 가득 남기고
나도
그리운 집으로 돌아가리라

삼천 원어치 사면서

불모래 맨발로 걷던 타국 생활 정리하고 어릴 적 동네에 터 잡았다. 무심히 세월 스쳐 간 시장통 두리번거리는 재미 쏠쏠하다. 찹쌀 순대 기본이 삼천 원! 주섬주섬 뒤적이니 천 원 지폐 몇 장 집힌다. 30년 순대 장사 아주머니 비닐 덮개 벗기고 실한 가락 꺼낸다. 모락모락 널브러진 순대에 낡은 기억 얹혀 함께 썰린다.

초등학교 시절 담벼락 너머 집에선 일년내내 순대를 삶았다. 고약한 냄새 온 동네 욕받이였다. 한여름엔 무더위 보태 메슥거리는 짜증이었다. 저걸 절대로 먹지 않으리라 다짐했었다.

뒤로 나자빠졌던 거북 뒤집히듯 어른 되어 입에 처음 넣어 본 순대 한 점은 신세계.
역한 냄새는 무덤 같은 단어 풀칠해 붙였었는데 … 선입견의 몰락!

순대 담긴 검정 비닐봉지 냉큼 든다. 시멘트로 막은 생각 뚫어버린 지 이미 오래.
속 채우고 삶아내며 수고했을 정성과 땀으로 내 입 안에서 잔치할 소소한 행복.
삼천 원어치보다 훨씬 비싼 기대는 집으로 재촉한다.

자리바꿈

낯선 소슬바람 손님으로 들어서니
하루에도 몇 번씩 옷잔치 한다
팝콘 튀듯 치열했던 뙤약볕들
자존심 툴툴 떨고 떠나는 빈자리는
남은 자들의 몫

침묵하는 다수로 뒤처진 꽃
보도블록 언저리에서 안간힘 쓰고
깜냥 안 되던 옹졸한 과실
몸 불리며 단내 풍기면
새파란 까치발이 하늘가 기웃거린다
9월도 눈곱 떼며 고양이세수 할 때
가는 것은 가라 하고
오는 것은 오라 하고
겸손한 갈무리 이것이라면
쟁여두려던 내 여름마저도
조용히 떠나보내는 게 맞아

아침입니다

고구마 빼대기* 닮은 늦가을 이파리들 휑한 골목길 기웃거리는 아침입니다. 동네 자그마한 제과점 빵 굽는 냄새는 해 뜨는 속도로 구수하게 피어납니다. 등원 기다리는 유치원 꼬마들 웃음소리가 오만한 건물 차가운 벽에 노란빛으로 스며듭니다만.

늘 그렇듯
하루는 지레 저울질로 시작합니다. 허덕이고 무너질 삶이 소쿠리 덫으로 온 데* 숨었고 야물게 알이 들던 착한 생각들은 힘이 빠집니다. 가보지도 못한 먼 곳으로부터의 절규까지 눈과 귀에 소름으로 내려앉아 가슴이 아려옵니다.

그럼에도
누군가의 절실한 소망이었던 오늘 넉넉히 살아낼 호흡 선물 받았으니 가난한 저는 하얗게 부유해집니다. 척박하게 갈라진 땅에 던져진대도 괜찮습니다. 바람 견딜 앙상한 나무 보듬어 주는 계절을 품습니다. 한없는 사랑의 빚만 생각합니다.

부디
기뻐하고 감사하며 살아야 한다는 속내
이 가을 따라 익어가게 하소서.

*빼대기: 고구마 빼대기는 제주도에서 고구마를 이용해 만들어 먹던 먹거리. 고구마를 납작하게 썰어 말린 것. 바짝 마른 정도가 동물의 뼈다귀만큼 단단하다고 해서 방언인 '빼다기'에서 '빼대기'라는 말이 생겼음.
*온 데: '여기저기'의 경북 일대 사투리.

안녕하십니까?

어제보다 더 무섭게 추워요
텅 빈 가게마다 어둠이 주인이네요
뉴스는 밥숟가락 뜨기 미안한 단어로 가득하더군요
말하지 않아도 그 아린 것들은 이미 남의 일이 아니지요
그럼에도 불구하고
어젯밤 편히 푹 주무셨어요
식사는 맛나게 하셨고요
건강은 점점 괜찮아지시나요
하던 일은 그런대로 할 만하신지요
맘먹었다던 계획 결과가 좋으신가요
병 중에 어렵던 가족은 회복되셨어요
맘 상했다던 친구와 화해는 하셨는지요
혼자 사시는 어르신 국밥이라도 대접하자 하셨죠
답답하면 전부터 가자고 하시던 바다 보러 갈까요
내일 기뻐지고 싶으면 오늘부터 기뻐야겠지요
제가 가진 진주 한 알 드려도 될까요
당신 마음속에 평안이 밀려오길 소망해요
그래서
부디 대답하시길 축복해요
"네!"라고

내가 좋아하는 것들

1

걷는 것이 좋다.
수선화 같은 햇살이 좋아 슬며시 집 나선다. 162번 버스 타고 안국동 정류장에 내려 감고당 길목 접어든다. 튼실한 돌담과 인사 한번 나누다 혹여 소박한 버스킹이라도 열리면 한 귀퉁이 앉아 날것 그대로의 콘서트 즐긴다. 입 벌린 기타 케이스에 소소한 응원 남기고 다시 걷는다. 두 발에 목적지 맡겨도, 풍경과 생각 따로 놀아도 큰일 안 난다. 길가 작은 가게 들어가 아이보리색 니트 카디건 만져보고 신지도 못할 신데렐라 유리구두에 어색한 곁눈질도 한다. 배가 허전해진다면 삼청동 버스 정류장 앞 부스에서 막 튀겨낸 추로스 달달하게 베어 물고 또 걷는다. 근처 미슐랭 수제비집에 이르면 마음부터 쏠쏠해 활짝 웃는다. 2차선 좁은 도로 마주한 가로수들 몸 흔들며 보내는 인사는 늘 그렇듯 익숙한 선물이다. 길 따라가는 건 실없이 좋다. 집 향해 돌아서 걷다 보면 소박한 벅참이 온몸에 주렁주렁 매달린다. 다음번엔 대학로 마로니에 공원길 기약하며 혼자 벌써 설레고 있다.

2

사과가 좋다.

냉장고 과일 칸에 사과 동나면 큰일 나는 줄 알고 산다. 생활 어렵던 시절에도 저렴한 사과 몇 알 정도는 여유롭게 두고 살았다. 간혹 근처 마트 들렀다가 박스에서 갓 풀어낸 과실 보면 기특한 탐심으로 골라 담는다. 맛있는 녀석들 고르는 일 과수원 주인 다음 자리는 차지할 거라 자부한다. 껍질이 웬만큼 꺼칠한 것, 붉은 기가 햇살과 잘 버무려진 것, 입 다문 듯 야무지고 단단한 것이 내 차지다. 다음 날 아침 식탁에서 쟁취한 전리품 입에 넣으면 묘한 승리감을 얻을 게다. 입에 합할 사과 고르는 일 그리고 사각사각 씹어 품평하는 건 참 즐거운 노동이다.

3

글 쓰는 일이 좋다.

양념 없는 메밀묵 같은 시간 살다가 불현듯 찾아오는 시상 붙들어 앉히는 일은 근사하다. 아무리 뒤적거려도 찾지 못했던 귀걸이 한 짝 발밑에서 우연히 주워 드는 기쁨 알 사람은 안다. 자판 두드려 적은 소박한 마음 한 조각 누군가의 따스한 차 한 잔으로 찾아간다면 좋겠다. 눈물 닦을 결이 고운 손수건 되면 좋겠다. 하늘 바라볼 여유와 고른 호흡 되어 준다면 더 좋겠다. 하지만 아니라도 괜찮다. 조물조물해 마련한 시 한 편 내 주머니에 넣으니 퍽 수지맞는 일이다.

늦봄에

당당함이 뒷걸음치고 총기 흐려져도
내일 문 닫지 말고
이럴 때 되었다 끄덕일 용기 주소서
배춧잎 싱싱함 시들어 가도
지혜 차분히 더하심을 보니
맑은 옹달샘 하나 되게 하소서

생전 침상의 어머니
아기처럼 조심조심 누우시더니
이젠 제가 그러해서
슬픈 먹구름 그늘로 듭니다
그래도 괜찮습니다
서슴없이 낯선 이에게 말 붙이고
주머니 사탕 한 알 건네는 오지랖 떨며
흐르는 물에 이 질그릇 씻으며 살게 하소서

푹 삭은 봄날입니다
나른한 낮잠 이젠 개키고
하늬바람 끝자락이라도 붙잡고
화려한 여름빛 맞이하러

닝큼* 따라나서게 하소서

*닝큼: '냉큼'의 표준어

계절 나기

1

콧속 건조하고 나무 이파리 말라비틀어지는 가을이면 그녀가 영락 없이 들어선다. 전혜린. 뮌헨 슈바빙의 추위와 배고픔이 지식 잉태할 때 당신의 깨어있는 머리는 더 허기진 탐닉을 하고 있었다. 끼니 걸러 모아둔 동전 몇 닢으로 붉은 장미 이웃에게 선물했다던 그날. 그리고 아무 말도 하지 않았다. 잠자던 감성마저 설움으로 돋는 이즈음 그녀의 쓸쓸함과 꺼지지 않는 지성을 내 가을이 해면처럼 흡수한다.

2

하얀 겨울엔 백석 만난다. 나타샤와 마가리로 가자고 했다, 흰 당나귀를 타고. 세상이 무서워서 떠나는 것 아니라 세상을 버리는 거라고 했다. 그 드물다는 굳고 정한 갈매나무 생각하는 그의 고백을 깊은 고뇌로 읽는다. 책상 옆, 손 제일 잘 닿는 곳에 아껴 읽는 낡은 당신의 시집. 펑펑 폭설 내리는 날이면 백석앓이로 다시 펼친다.

3

졸음 피어나는 나른하고 꼬물거리는 어느 봄날. 정지용을 찾아간다. '얼골 하나야/손바닥 둘로/폭 가리지만/보고 싶은 마음/호수만 하니/눈 감을 수밖에'. 이 언어의 촉촉함 말해 무엇하랴? '별똥 떨어진 곳을 다음날 가보려 벼르고 벼르다 인제 다 자라버렸다'는 조곤조곤한 넋두리. 세상 들었다 놨다 명연설 아니지만 그 세미함이 마음 가득 퍼져 봄을 봄으로 누리게 한다.

What a wonderful world

 뜀박질하던 해가 동네 김밥집 뾰족지붕에 걸터앉은 오후 끄트머리입니다
 개천 물길 거슬러 토닥이며 앉힌 연둣빛 둘레길 걸어갑니다
 11마리 새끼 오리들 어미 꽁무니 줄기차게 줄기차게 쫓아다닙니다
 목도 길고 다리도 긴 왜가리 물속 버들치 집어내는 주둥이 장관입니다
 그 재미 찍겠다며 구경하던 할아버지 휴대전화 꺼내 떨리는 초점 맞춥니다
 회색 후드티셔츠 여자가 늘어나는 목줄 묶인 검정 푸들 끌고 갑니다
 이른 저녁 마실 나온 부부 걸어가며 웃음꽃 환하게 퍼뜨립니다
 세월이란 녀석 쉬고 간 벤치, 할머니들 찬거리 주제로 토론 활기찹니다
 유모차에 아가 누인 젊은 새댁 물에 비친 하늘 맑갛게 내려다봅니다
 봄날에 당치않은 하늬바람 불어 부끄럽게 내민 이파리 허둥대며 춤춥니다

아까부터 여기저기서 저녁 짓는 푸근한 냄새 풍겨옵니다
김밥집 뾰족지붕에 앉았던 해 슬며시 내려와 방문 닫습니다

설렁탕

선농단, 설농탕, 설렁탕, 1940년 홍경표의 『조선 요리학』, 『성종실록』 성종 6년 몇 줄의 기록, 몽고 유래설(한반도 주둔 몽고군 조리법), 소의 내장·머리·뼈다귀 등, 뚝배기, 토렴, 뜨끈한 국물과 밥, 깍두기와 섞박지, 里門설농탕(1904년 개업), 현진건 소설 『운수 좋은 날』의 '이 한 그릇 못 먹고 세상 떠난' 아내, 우리 전통의 패스트 푸드, 커피 크림·분유 탄 가짜 국물 … 클릭 한 번이면 어원, 유래, 연관 검색어 어마어마하게 쏟아집니다.

이런 것도 알아야겠지만요
…

늦은 끼니로 들어선 노포
잘게 썬 파 듬뿍 얹은 설렁탕
토렴한 국물 떠서 후후 붑니다
국수사리, 공깃밥 말아
수북이 한 술이면 부러울 게 없습니다
튼실한 깍두기, 자르르 붉은 배추김치
우적우적 씹으면 젖 먹던 힘 생기고
흘러내리는 땀 닦아가며
냄비 받침에 비스듬히 세운 뚝배기

조신하게 긁어 먹고 마무리합니다
육신이 풀려요 풀립니다
선농탕? 설농탕? 설렁탕?
다 괜찮습니다 상관없습니다
깊은 데서 솟아나는 트림
마음부터 부자 됩니다
이걸로 충분합니다

도시락

땀내절어버린계절은
10월이주문한도시락싼다

바다품은하늘포실포실펴서사각도시락에오보록담고, 보라색새벽녘수월해진숨소리로계란말이만들고, 여름따라나서는이파리골라조물조물무쳐서얹고, 문실문실자랄나무뿌리옹알이몇줌툴툴뿌리고, 특별하지않은이별인사고명으로얹어도시락뚜껑닫는다일회용나무젓가락대신변색없다광고하는놋수저도물론챙긴다

조심스레열어본단골고객
내년가을이맛이라도보라고
앞접시에덜어내면서
흐뭇하게웃을거다

파란색 간선버스 맨 뒷자리 앞
1인용 의자에 앉으면

멀티스크린은 무슨?
먼지 스크린 차창에서
시작되는 생방송 인간극장

한 사람이 걷고 있다
지팡이 이미 육신 되었고
육신은 빨간불에 횡단보도 건너고
횡단보도엔 짐보따리 끌리고
짐보따리는 유료만 주워담고
유료가 건네는 금목걸이 걸고
금목걸이는 계산기 두드리고
계산기만 조문하는 스산한 장례식

한 사람이 걷고 있다
그니*의 고독한 병상 일지가
병상 일지의 고백인 잠꼬대가
잠꼬대가 낳은 열매가
열매의 애통하는 회개가
회개로 향 피우는 기도가
기도로 올려드리는 정결한 장례식

기다리던파란색간선버스올라그자리에질펀하게앉으면상
상은하늘의별같이 …

*그니: '그이'의 경기 방언

2부 | 햇비

기도 한소끔 끓여 소나기로 내렸다

「햇비」 중에서

보말*죽

녹이 슬어
겨우 굴러가다 달력의 바퀴 멈추고 말았다. 후다닥 떨어져 나와 표선 바닷가 귀퉁이에 머물 곳 잡았다. 찬 기운 뺨부터 비벼대는 1월의 이른 아침 당케 포구* 작은 식당에서 따끈한 죽 한 사발 마주한다. 꽤 오랜만에 늘어지게 자고 산발한 머리 어색한 겨울비 맞으며 들어선 참이다.

보말이라는 것이
갯바위에 죽을힘 다해 다닥다닥 들러붙어 산다는데 바닷물 빠지면 어떤 이의 고된 손이 하나하나 뜯어내 손톱만 한 녀석의 살 뾰족한 것으로 발라서 내장 떼어내고 으깨서 국물 우리고 살은 쌀과 함께 부글부글 끓이고 휘저어 만든 대단한 수고 삭힌 음식이란다. 서럽고 힘겨워 찾아든 객지의 내 아침 묵직한 갯바위와 바다를 떠서 먹는다.

일상에서 뜯겨 나온 나는
돌 틈에서 뜯겨 나온 것들로 세상 허기를 채운다. 숨 쉴 틈 주지 않고 공격하는 파도와의 전쟁 모두 승리한 엄청난 저력을 소화하는 중이다. 후끈후끈 땀 흘리며 삼키듯 먹는 보말죽 한 그릇에 눈이 반짝 떠진다. 힘찬 북소리 모세혈

관까지 달려간다. 도대체 이게 뭐라고 …

이제 됐다.
처진 어깨 토닥이는 한 끼가 나에게 추렴했으니 며칠 숨 고르고 바퀴에 기름칠하고 호루라기도 불어가며 두고 온 자리로 돌아갈 수 있을 것 같다.

---

*보말: 바다 고둥을 뜻하는 제주도 방언.
*당케 포구: 제주도 서귀포시 표선면 해비치 해변에 있는 포구.

정동길 재즈

후다닥 버스 올라
촉촉한 마음 챙겨올 계획
언제라도 성공 내주는
황홀한 정동길

광화문역에서 내려
길목 들어서면
키다리 나무들
긴 팔로 계절 색칠하고
올망졸망 커피숍 유리 통창으로
방금 구워낸 따끈한 빵 손짓한다
여고생이었을 중년 몇몇
까르르 사진 찍으며
떠나지 못하는 졸업한 학교 앞
병풍으로 한쪽 벽 열어가는
덕수궁 돌담길 거기엔
이문세 노래처럼
모든 게 변해가도
다정하게 걷는 연인들
아직도 남아있다

세련된 오렌지색 돌의자에
조심스레 걸터앉아
와플과 향긋한 커피 한 잔
호강으로 잔치하려는데
말라버린 내 추억에 물기 도는 건
정동길이 연주하는 재즈가
봄처럼 안겨드는 때문일까?

아르메니아*의 눈동자
― 아르메니아 예레반에서

촘촘한 올리브그린 융단
활짝 펼쳐진 캅카스*의 아침
아르메니아 햇빛이 너울 벗는다
이슬 문 풀잎 하품하면
시간 가득한 초원엔
선들하고 긴 밤 노숙한 새끼 양들
부스스 먼저 일어나
사각사각 새날 씹는다

극약보다 더 독한 눈물
온몸으로 막았던 죽음의 상흔
침탈과 이데올로기 당당히 맞서 살아낸*
굴복 배우지 않는 아들과 딸은
빵 굽고 포도주와 치즈 발효시키며
강인한 평화 길러낸다

불꽃 심지 살라 내는 신앙
요동 없는 그들 눈동자는
칼 받든 예레반 어머니상*처럼
통곡 없을 조국 응시한다

*아르메니아: 유럽 동부와 아시아 서부 남캅카스 지역에 있는 나라.
*캅카스: 흑해에서 카스피해까지 북서쪽에서 남동쪽으로 뻗은 대 산맥을 말함.
*아르메니아 대학살 사건. 19세기 말에서 20세기 초 오스만제국 내에서 아르메니아인을 대상으로 자행된 집단 학살 사건. (제노사이드)
*예레반 어머니상: 아르메니아 수도 예레반에 세워진 동상. 원래 있었던 스탈린 동상을 없애고 그 자리에 세운 것.

경계인*
― 중국 북간도에서

뼈관절 파고드는 대륙의 찬바람
이국땅 아스팔트도 손사래 치는
해 물러난 밤길을 걸어갑니다.
내 동무 내가 되어 말공부질 덧없을 적에
갯골*서 허우적거리는 열망
인봉하며 밟으며 걷습니다.
낯설어 체증된 고단함과 그리움
빈 칼집에 깊숙이 밀어 넣은 채
하얀 수건 한 장 허리춤에 꽂고
납작 엎드리어
당신의 만신창이 발을 닦아드립니다.
질긴 고기 씹어내듯
서러운 향수의 앙금 오늘도 염습*하고
붉은 화분에 씨앗 한 톨 눌러 심어
파리하게 야윈 손바닥으로 다져봅니다.
한 겨울밤 별마저 서럽게 내리는데
속절없이 손가락 폈다 접었다
묵묵히 내달리는 길 따라 걸어갑니다.

*경계인: 이상의 이질적인 사회나 집단에 동시에 속하여 양쪽의 영향을 함께 받으면서도 그 어느 쪽에도 완전하게 속하지 아니하는 사람.
*갯골: 바닷물이 드나드는 갯가에 조수로 인해 생긴 두둑한 땅 사이의 좁고 길게 들어간 곳.
*염습: 시신을 씻긴 뒤 수의를 갈아입히고 염포로 묶는 일.

햇비*
― 중국 용정 윤동주 생가에서

햇빛 사나운 여름 자락
옛집엔 호젓이 비가 내린다
삭아 바스러지는 기와 틈
새파란 시어 이끼로 숨 쉬고
추리한 나무 기둥
내 조국이 눈물로 타고 흘렀다

횃불 사를 뜨거움
타래 엮어 앉히고
생흙*된 기다림
별 헤며 토닥였다

질척한 수렁
연거푸 발목 조여도
하늘 우러러 한 점 부끄럼 없으려
목 타는 시인은
기도 한소끔 끓여 비로 내렸다

여름 자락 사나운 햇빛
고개 내저으며

헛헛한 옛터에
얌전히 물길 낸다

*햇비: '여우비'라고도 함. 한쪽으로 해가 나면서 내리는 비를 일컫는 방언.
*생흙: 이겨지거나 물에 잘 풀리지 않는 흙.

충주 읍성 석누조*
― 충주 박물관에서

스쳐 가던 발걸음
충주 박물관 끄트머리
진열장 유리 벽 마주하고
덩어리째 떨어져 나온
석누조 무표정에 다가선다

성벽에 뿌리 박고
호란, 왜란
세상 뒤집히던 날들
애간장 녹아내리던
풀뿌리의 탄식과 죽음의 핏물
폭포수로 토했는데

내뱉지 못한 통곡만은
돌 틈이 삼켜
처절한 기원으로
자리 지켜낸 진실
핏대 선 목으로 외칠 승리자
그것이 어렵다면
곡비*라도 되길

*석누조(石淚槽): 배수구의 물이 밖으로 잘 흘러 빠지도록 성벽이나 다리, 기단 끝 등에 설치 하는 물 홈돌. 마치 혀처럼 만들어 벽면에서 약간 튀어나오도록 설치하여 배수되는 물이 벽을 타고 흐르는 것을 방지함.
*곡비: 장례 때에 곡성이 끊어지지 않도록 곡(哭)을 하는 사람.

구럼비낭*

누구도 막아 주지 못해
쇠몽둥이 바람 속에 있어야 했다
떼거리로 달리던 억수
그날도 숨죽이고 있어야 했다
생손 앓듯 비명 치던 밤바다
힘겹게 끼고 서서
가녀린 목소리로 울기도 했고
빳빳이 고개 들고 날던 새들
곁눈질로 비웃을 때
예사롭게
사실은 예사롭지 않게
그것도 품어 버렸다

검은 돌멩이와
노란 유채꽃과
연두 바람과
웃어주던 고운 사람들
그들로 인해 정말 살고 싶었다
이제는
흔들리지 않는다

절대 외롭지 않다
초록 시름 활짝 펴내어
놀멍 쉬멍* 하련다

제주 섬엔 구럼비낭
그렇게 서 있다더라

*구럼비낭: 제주도 해안의 가로수와 방풍림으로 유명한 수목. '까마귀쪽나무'라고도 함.
*놀멍 쉬멍: '놀면서 쉬면서'의 뜻을 가진 제주 방언.

교동도 짜장면집

뭍이 잡아당긴 교동대교
통행증 받아 들고 조심스레 건넌다
황해도 연백 실향민들
고향 그리워서 모였다는
대룡시장은 시간 아꼈구나

골목길 모퉁이 돌면
나이깨나 먹은 짜장면집이 있다
향수로 닳은 조리도구
고즈넉한 주방 초로의 부부
뚝뚝한 세월 치대어
삶아낸 면발에서 김 오른다
대를 잇는 알싸한 정 썰어
불맛으로 볶은 짜장 소스 얹으면
이 손 저 손 바쁘다
손님도 주인도 자기 몫만큼의
그리움 한 그릇씩 먹는다

끝 섬
– 마라도에서

생각이 찾아내기 힘들 아주 오래전
수면 깊은 곳에서
태양 삶아 토해낸 듯한 용암이
웅크리며 버텨낸 주소
하루 종일
모루* 위에 펼쳐 눕힌 땅
지독한 바다는 시퍼런 손바닥 자국을 남기고
거품 풀어 이리저리 담금질*한다
대책 없이 불어대는 바람의 횡포
정신 줄 빼놓고 줄행랑치기 일쑤다
어떤 날이었던가
화마(火魔)가 달려들어 모든 것 살라버려
이 악물고 처참한 숨 쉬고 있건만
세상은 절망을 학습시키고
쓸쓸하라 무너지라 강요한다
알고도 참아주는 세월에게서
거절할 줄 모르는 어미 품 배운다
빗물 모아 삶 일구고
두려움에 다가서는 그들
어둠 들추고 등댓불로 길 열어주며

생명 있는 것 끝내 살려내는
거룩한 의지 절대 버리지 못한다
그 난리 통 한편에 뚝심으로 단단히 앉아 있다
이마의 땀 닦으며 지그시 웃는다
장한 섬, 마라도가

*모루: 대장간에서 불린 쇠를 올려놓고 두드릴 때 받침으로 쓰는 쇳덩이.
*담금질: 고온으로 열처리한 금속 재료를 물이나 기름 속에 담가 식히는 과정.

요코하마 양귀비

빠듯한 일정의 일본 방문
요코하마 2월의 스산함에
따끈한 차 한잔 그리워
돈 줍듯 발견한
차이나타운 골목 한구석
긴가민가한 카페 '양귀비'
어지간히 색 바랜 실내
페이스트리처럼 세월 쌓였다

들어서며 주문한 코-히-라테*
화장이 주름 못 감춘 할머니
무심하게 커피 내리고
등 굽은 할아버지 떨리는 손
한 방울이라도 흘릴라
받쳐 든 쟁반엔 긴장 한가득

뭉툭한 갈색 찻잔
뭉글한 연갈색 라테
내 언 입술엔 연분홍 온기
겨울 뒷자락 타국의 항구

나른함이 가득한 카페
그건
이방인 마음에 그려 온
담채화 한 장

*코-히-라테(コーヒーラテ): 커피 라테의 일본어 표기.

머물고 있는
― 양평 소나기 마을 황순원 문학관에서

양평 자그마한 마을
그가 머물고 있었다
입구 오른편 펼쳐진 밭
멋 부린 허수아비 웃고 있는
소나기 문학관 들어서면
황순원 작가가 거기에

「카인의 후예」 분석하던 문학도 시절
저자의 신앙과 인간 존재에 대한
깊은 마음 읽어내곤
「소나기」만으로 그의 문학
단정 짓지 말자고 다짐했었다

6월의 주말 더운 오후
문학관 한 귀퉁이 노즐에서
뿜어내던 인공 소나기
관람하던 아이들 환호가
그를 향한 감사 인사로 들렸다
한 시대 든든히 서서
토기장이처럼 사람 마음 빚었던

시 같은 소설, 소설 같은 시
선물로 남겨 주었기에

제주, 먼나무*

멋이 있다는 먼나무
바람과 파도로 집 짓는
낯선 땅에 심긴 후
통증 뼛속부터 달려들어
육신 뒤흔들고 정신 볶아대도
생명의 물방울 마르지 않았다

출근하던 갈바람*과
요망지게* 자리 잡은 돌담이
차가워진 불덩이에 뺨 비비고 살자고
채근하고 보채니

고운 가루 되기로 했다
두모악*에게 마음 내어주기로 했다
길과 길 만나 또 길이 된 거기서
빨갛게 더 빨갛게 노래하며
손마디 저리도록 새파란 하늘에
매일 아침
하얀 새 한 마리씩 날려 보내기로 했다

*먼나무: 제주도 도로에서 쉽게 볼 수 있는 가로수의 하나로 감탕나뭇과에 속하는 상록 큰키나무. 가을과 겨울에 꽃이 핀 것처럼 붉은 열매가 가득 달리는 수종.
*갈바람: 뱃사람들의 말로, '서풍'을 이르는 말.
*요망지다: '똑똑하다, 야무지다'의 제주 방언.
*두모악: 제주 사람을 부르는 별칭.

3부 | 새벽 목욕

개펄 흙 헤집는 속 터지는 내일도
「새벽 목욕」 중에서

새벽 목욕

설어 푸른 새벽녘
부실대는 머리카락 손빗질하고
주섬주섬 문 나선다

흐르는 물엘랑은
설운 영혼 비벼 빨아
해 돋는 바지랑대에 툭툭 털어 넌다
잠 설치던 고단한 생각 구겨 넣은 베갯속은
감자껍질 벗겨내듯 말갛게 둥글리고
개펄 흙 헤집는 속 터지는 내일도
훑고 또 닦아내어 개켜 누이고선

정수리부터 발가락까지
정갈하게 수건질 한다

편견

조아린 무릎 위로
망나니 치켜든 칼
섬뜩한 섬광 줄기
깊숙이 내리찍자
타올라 이글거리는
시뻘게진 카뮈의 태양

시커먼 공포가
숨차게 거적 덮자
투명한 하늘가엔
먹구름 휘청이고
못으로 철판 긁어
주저앉는 작달비

날뛰는 군중
짓밟힌 억울함에
눈감고 돌아앉은
돌무덤 꼭대기엔
낯선 손가락이
잔돌 하나 얹는다

처절한 고백

연한 잎 닦아 내린 찻물 같은 미소
사실은
긴 밤 가슴 치며 울어대던
원망과 열등의 아우성 우려낸
몸서리였습니다

허공에 뿌려 치던 너울의 살풀이 춤사위
그것도 사실은
속사람 깊은 골짝 옹이로 뿌리내린
미움과 후회의 선인장을
흔들기조차 못했습니다

사랑 준다는 것이 받는 것보다 행복하다고
불어대던 나발 소리
사실은 그것마저도
멈추지 못하는 마른 목의 헛기침
성글게 붕대 감아 모서리에 기대 놓은
허무함의 신음이었습니다

갓 구운 붕어빵 한 봉지

품에 안고 바람 찬 인생길 걸어 봐도
오히려 연민과 고독을 견디지 못해
부르르 떨리는 오한에
비명의 외마디 치고 맙니다

어쩌라고
어찌하라고

피 토하는 고백을
바싹 말라버린 입술에 두라 하시고
어깨 토닥이시며
연약한 무릎 세우시고는
늘솔길* 걸으시는
당신은,
도대체 누구시옵니까?

*늘솔길: 언제나 솔바람이 부는 길이라는 뜻의 고유어.

바보

되돌려 받지 못할
거룩한 낭비 칼탕 치고는
박하 잎 두어 개 띄운
냉수 한 바가지 마신다

마당바위 냉바닥
벗은 발로 올라 누워
눈 시린 하늘 치보다
흩뿌려진 감사의 빗질에
오늘 하루
또 부자가 된다

송장꽃* 곱고 골주름*도 곱고
세월 더께 선물삼아
미쳐 뿜는 고얀 비
손 펴내 비 받기 하니
놋향로 곱게도 피어난다

어림으로 살펴도
내 선 곳 분명 천국

된 딱정이 대패질하고
쓴 조롱 받아 삼켜도
행복은 내 품에서
부싯돌 비벼 불 피운다

*송장꽃: 노인의 얼굴에 검게 핀 검버섯이라는 뜻의 고유어.
*골주름: 얼굴에 생기는 깊은 주름.

천로역정

갈라진 혓바닥 날름대며
골 깊게 똬리 트는 퍼런 근심
걸쇠 조인 새벽
목 긴 기다림은
냉기 찬 성벽에 기대어
황소숨* 몰아쉽니다

달콤한 귀엣말에
방향 잃은 핸들
동공 풀려 헛돌려
시래기로 말라버린 영혼
잔바람에도 바스러집니다

서러워서 올려 본 하늘길이
갈멜산 손바닥 구름 쓴 채
횃불 항아리 품고
순종의 버선발로 달려 나와
마른버짐 핀
연약한 내 무릎에게
힘 다해 손뼉 쳐줍니다

*황소숨: 황소가 가쁜 숨을 몰아쉬듯이 크게 쉬는 숨을 일컫는 고유어.

미련하다

무심한 회칠 벽
빈 액자 하나 걸어
맞춰보는 시간 비늘 퍼즐

생겨 먹은 게 그런지라
박박 머리 긁으며 감출 것 투성이
얼굴 붉힌 후회나마
못 이기는 척 내민다
애벌한 서툰 입술
따스운 온기 불어주고
처박아 둔 낡은 꿈도
슬그머니 보탠다

밀물로 덮쳐오는 부끄러움
힘주어 구겨버리고
어찌할 바 몰라 발 굴러도
어지러운 하늘엔 낫자리* 낸 한숨뿐

메워지는 그림 위엔
죽어야 산다고

눈 감아야 보인다고
귀 막아야 외침 들린다고
늦마*에도 새싹 틔우는
내 주인,
그곳에 서 계심을
그제야 겨우 본다

*낫자리: 북한어로서 낫에 찔리거나 잘린 자리.
*늦마: 제철이 지난 뒤에 지는 장마.

계단 주의

대수롭지 않은 지하철 안내 방송
급할 것 하나 없는데
생각 없는 두 다리는
이미 가파른 계단 접으며 뛴다
잠깐 헛발질에 발목 찌릿하고
심장은 홍두깨로 다듬이질
언뜻 스친 벽의 안내문이 말한다
"계단 주의"

살아온 길
호랑이 쫓아오는 외딴 산길 아닌데
어쩌면 이리 급히 세월을 달렸는지
그렇게 머문 오늘
실금 간 기억을
한 보따리나 안고 산다

허둥지둥 지하철 오르며
마음속에 정으로 쪼아 새긴다
'계단 주의'

기경(起耕)

맨손으로라도
가시덤불 긁어내고
돌멩이 골라내어
씨앗 누울 폭신한 땅
울면서 갈아냅니다

익숙한 것들이
서슴없이 떠난 자리
달려드는 오늘에
삽자루 모질게 묶어
갈급한 물길도 냅니다

황홀한 햇빛 쏟아지고
흡족한 비 내리고
거칠어진 손바닥에
옹이가 보석처럼 자리 잡으면
불룩한 자루 등짐에
주홍빛 노을도 함께 업어
집으로 돌아갈
그날을 기뻐하렵니다

축(軸)

이미 고질병 된
현기증과 편두통 지긋지긋하다

미세먼지와 소음
아파트 시세와 연금
여행 가방과 등산 배낭
과한 건강병과 어처구니없는 장수 비결
불법의 암막과 공범들의 추종
성형중독과 쇼핑중독
휴대폰과 인터넷
이로 인해 정신없이 쏟아지는
정보와 정보 그리고 또 새로운 정보

단단히 맘먹고 서 있어도
매스꺼움과 어지럼증 더해 간다

오랜 시간 겪어낸 지혜가 말해주었다
두 팔을 있는 대로 뻗어
사력 다해 축(軸)을 붙들어야만 살아갈 수 있다고

침향*

그날이었을 거다
작은 생채기 생긴 것이

염증은 뼛속으로 파고들고
토하는 비명 감당 못 할 통증은
몸뚱이 구석구석 온 신경 끊어내더니
죽음처럼 굳어버렸다
기가 막힌 한숨과 눈물은 켜켜이 벽돌 쌓았다

걱정 없이 풍선 불던 벅찬 기대
단맛으로 귀에 얹힌 정겹던 노래
헌 옷처럼 한구석에 던진 지 오래
어제 남긴 안식 한 줌 갈급히 찾아보지만
상실의 조바심 두툼한 더께 되어
수심 깊은 강물에 가라앉았다

불꽃 살라 피어나는 묵상의 향기
정수리까지 겁 없이 차오르며
기억 혼미하던 어느 하루
지나던 나그네 잠시 멈춰

옷매무시 야무지게 고쳐주며
침향으로 살라고 귀엣말한다

*침향: 약재의 하나. 나무에 난 상처를 치유하기 위해 상처 부위에 모인 수지(樹脂)가 수년에서 수천 년에 걸쳐 응결된 덩어리이다. 좋은 침향은 물에 가라앉는 성질이 있으며 불에 태우면 진한 향이 남.

부디

찌꺼기 남기지 않는 삶을 살게 하소서
마음에 들어서는 선한 부담
알면서도 모른 척하지 않기를
질고 겹치는 동무의 아픔에
식어버린 위로가 약이라고 내밀지 않기를

스며드는 육신의 달콤함에 시야 흐려지고
회초리로 내리는 비에 우산 혼자서만 쓰고
여위어 버린 긍휼조차 껍데기로 말라
앙상한 몰골로 광장 걷기 두렵습니다

누구라도 품어 안는
따사로운 봄의 뜨락 되어
주님 애통한 마음으로 바라보시는 곳에
눈보다 손이 더 빠르고
계산보다 발이 먼저 달려가
받아만 온 사랑 아낌없이 풀어헤치게 하소서

당신의 향기 되고
당신의 편지 되라 하시니

그리 살도록 도와주소서
부디,
찌꺼기 남기지 않는 삶을 살게 하소서

깊은 강에서

시커먼 구름 입에 문 거친 바람
연거푸 수면을 후려갈기고
기어코 강바닥까지 할퀴니
소동이 회오리로 휘감깁니다
떠올라 휘청대는
퉁퉁 불어버린 부끄러운 삶의 찌끼들
알면서도 모른 채 묻어 놓았는데
결국은 올가미로 나를 덮칩니다

깊은 강
그 깊은 강바닥에
나이만큼 쌓였던 내 아픈 것들
타고 가던 뗏목 위로 모조리 끌어 올려
눈물로 닦고 회개로 닦아
당신의 발등상 앞에 내놓습니다

이제는,
인생멀미 그만하고 싶습니다
사람멀미도 그만하고 싶습니다
안전한 항구로 인도하소서

화장

맑게 웃으며
친숙한 듯 안부를 묻고
진심 근처에도 못 간
맞장구도 치며
배고픈 그대들을 빈말로 밥 먹인다
이웃의 허물을 껌 씹듯 질겅거린다
그리곤
아무렇지도 않게 또 아침을 맞고
아무렇지도 않게 또 하루를 보낸다

화장한 모습으로 인해
누구도 알아채지 못했다
거뜬하게 지켜냈다
하지만
그분과 나만이 아는 애처로운 민낯
눈물의 무릎으로만 닦이는 두터운 회칠
통곡으로 들어선 기도의 자리
근육통 심해진 육신 구부려
회개와 겸손으로
입술부터 화장을 지우기 시작한다

메도티*

살아보지 못한 날들이지만
자면서도 눈 부릅떠
육신과 영혼 사려야 하는 세상이다
사망 같은 두려움 엄습하고
칼날로 벼리는 분노와
실마리 찾지 못한 혼돈은
표지판의 방향마저 지워버린다

날카로운 어금니를 각 세워
끄웨에엑 끄웨에엑
비명 지르는 한 마리 메도티 되어
산자락을 타고 내려 달린다
어떻게 해야 하나,
어떻게 살아야 하나?

거친 숨 가득 차 멈칫하며
흐릿한 눈으로 하늘 치올려 본다
여느 때도 그랬을까?
머리 쓰다듬는 햇살 눈부시다
내 힘 아닌 무언가로 사부자기 무릎 꿇는다

달리고 달려야 벗어날 것 같던 멍에 벗고
메도티는 눈물로 적신 땅에 납작 엎드려
평안하게 숨 고른다

*메도티: '멧돼지'의 함경북도 방언.

부끄러운 기도

두고 온 매서운 땅 기억해 주소서
남겨진 이름 불러 주소서
얼어붙은 구석,
당신은
조심스레 심어 놓은 사랑의 불씨 아십니다
복되신 말씀 품은 영혼들 생각하십니다

더 눈물 흘리지 못하고
단단히 지켜내지 못하고
머리 떨구고 돌아온 저는
최선이라는 껍데기로
비겁한 심장을 포장하며 삽니다

아무것도 쥐지 못한
부끄러운 두 손 모읍니다
네 계절을 겨울로만 사는
눌리고 묶인 이들 품어 주소서
알고 있습니다
그곳에 당신이 계셨다는 것을
넉넉한 은혜 내려 주셨다는 것을

설거지

편한 이들과 먹고 마시며
말 잔치로
웃고 떠든 좋은 시간 누렸지만
숙제로 잔뜩 쌓인 그릇들
손 바쁘게 말끔히 닦아낸다

거쳐온 날들 설거지는 하고 살았는지
내동댕이친 껍질, 알맹이까지
언덕배기 되도록 모르고 살다가
찌든 기름 냄새, 와르르 쏟아지는 소리에
화들짝 놀라 개숫물 휘적거려 보지만 마음 바쁘다

정직한 기도 하나 설거지에 보탠다
"문지르고 헹구다가 깨진 그릇 조각될지라도
당신 마음 한 줌 담아주신다면
도저히 감당할 수 없는 큰 복이겠습니다"

갈대 지팡이

차곡차곡 모은 저금통장 손에 쥐었습니다.
평생소원이었지요.
궁전을 짓기로 했습니다.
각다귀로 모은 돈이 넓은 땅 되고 기가 막힌 설계도 그려 냈습니다.
달콤한 기쁨이 연이어 오르고 영웅보다 더 영웅 된 것 같았습니다.
스쳐 지나가는 황당한 생각들을 다듬고 두드려 금장식도 해 박았습니다.
볼록해진 자신감 허리에 차고 목에 핏대를 세웠습니다.
패배 없을 깃발을 높이 달고 실하고 두툼한 빗장도 걸었습니다.
하얗고 긴 손가락으로 너를 지적하며 호령도 해 볼 참이었지요.

눈을 떴습니다.
일으킨 몸뚱이는 물 먹은 솜뭉치.
손에 쥔 것은
여린 힘도 지탱 못 할 갈대 지팡이.
…
갈대 지팡이였습니다.

가면

방금 씻어낸 듯 말간 얼굴
흰나비 한 마리 입술에 앉히고
헤픈 웃음 가만가만 흘려보지만
가슴 한구석
말라버린 우물 빈 두레박엔
날카로운 발톱 숨긴
살쾡이 한 마리 웅크리고 있다.

빈 그릇

비우게 하소서
주시는 것, 담기는 것들을
마땅히 흘려보낼 자유 주소서
인색한 손 되고 싶지 않습니다
주님께서 더 좋은 것으로
채우실 것 알기에
주린 자 마음으로도
풍성하게 누리는 삶 알기에

움켜쥐어야 한다고 가르치는 세상에서
짠맛 내지 못하는
만족으로 팔짱 낀
부패한 악취로 살고 싶지 않습니다
쓴 물이
저로부터 시작되지 않게 하소서
하늘에서 내리는 복된 기름
그친 것이 아니라
빈 그릇 없어 채울 수 없다는 것
오늘도 명심합니다

잔치하는 마음으로 넉넉하게 살기 위해
정결하게 씻고 비우는 열심 드립니다
시시때때로
욕심이 저를 주저앉힐 때마다
당신의 얼굴과 아름다우심만을 바라보게 하소서

허기

주일 예배 마치고 나오는 길
"배고파, 배가 고파"
떨리는 손으로 다가오는 낯선 노인
살아오신 어떤 날들이
휘청거리는 누추를 저리 입혔는지
얼른 가방 열어 휘적휘적
끼닛거리 챙겨 드립니다

어디에선가
손 다시 벌릴 파리한 인생
하루 다시 힘겨울 가난한 영혼
정작 쥐여 드릴 것은
영원히 배고프지 않을 생명의 양식
그것 나누지 못하고 돌아서는 길
당신 허기가 발자국 남기며 따라옵니다

4부 | 나무 타령

수국 빛 참한 내일 모아두었다가

「나무 타령」 중에서

살맛

그다지 곱진 못해도
우리 가슴에 그것 하나쯤 품고 산다.

짓이긴 밥풀 마냥 뭉그러진 하루
생채기 아리고 헛구역질 나도
꺼내어 본 그로 하여 우뚝 선다.

높다란 가로등 불 밑
좁쌀 같은 밤벌레들 여름 축제
낮이 오면 스러져 잊히고 말듯
찬란했던 젊음의 아우성
그새 못 참고 집으로 돌아간대도

그다지 곱지 못한
그것 하나쯤 품고 살기에
무릎 툭툭 털고 일어나
걸어가 볼 인생이 아닌가?

3월 살이

가난한 잡초색 촌부의
누추한 품에 안겨
양지 아래 자리 펴는
새끼 고양이의 달디단 졸음이 되려니

버얼겋고 눅눅히 녹이 난
철계단을
납덩어리로 내리 딛는
발바닥의 신음 그 틈새로
숨 쉬어내는 연둣빛 바람이 되려니

뭉근하게 아파져 오는 옆구리 통증
아귀 안 맞는 낡은 창틀 열어내어
견딜만한 바깥을 들이는
거룩한 입덧 같은 흔들림도 되려니

바닷물 한 사발 들이켠 갈증 마냥
멀리서도 들려오는
나이 든 나무들의 잦은 기지개
그래,

그 기지개로 한 추렴하여
앳된 하루를 허락해 보자

그리하여
잉크 밴 묵은 서랍을 정리하듯
싸리비로 천장 거미줄을 걷어내듯
그렇게 3월을 살아보자

나는 한 마리 새다

커억, 숨이 막힌다
고운 소금 부채질한 배꽃 바다
기운찬 숨 냄새가
명주바람으로 날개에 스민다
짓씹으며 조롱하는 입술이
뒤통수 야무진 비녀로 꽂혀도
징 울림 타고 날아 보려 한다

모르니 어쩌겠나, 모자라도 어쩌겠나
검은 밤 흐르면 흐르는 대로
채찍비 몰아치면 몰리는 대로
주저 없이 포대기로 업고는
묵묵히 날개를 챙긴다

어디라 했던가?
거추꾼*길손이 들려준
하늘 짙푸르다는 자작나무숲*
역류하기 싫은 어설픈 자맥질로
길 물어 찾아가며
스며버린 배꽃의 바다 숨 냄새로

기어코 날아봐야겠다

*거추꾼: 남의 일을 주선하거나 거들어 주는 사람.
*자작나무숲: '당신을 기다립니다'라는 뜻이 있음.

소명(1)

유리 벽 타고 오른다
미끄러지고
미끄러지고
땀 찬 손바닥
그만 놓아버리고 싶다

내려갈 수 없어서 오르는 게 아니다
손 부드러울 때 길쌈 익히듯
생명 냄새 연할 때 오름을 배웠다
손 풀려 주저앉고
맘 굳어 돌아도 서 봤지만
결국
열린 길이 내 길이라
몸 녹이는 숨소리 온 맘에 휘감고
구도자의 무릎으로
희열의 눈물 디디며
나는 오늘도 노래꾼이 되어
유리 벽을 타고 오른다

갈망

청아하게 파란 하늘과
순하게 날아드는 바람
샘이 넘쳐나는 사막에
만발한 꽃향기 가득한
그 나라 보고 싶다

고통 없고 눈물 그치며
주신 소명 열매 가득하며
참 진리가 거짓 진리를 덮는
그 나라 가고 싶다

세상 마지막 걸음 떼는 날
어둠에 앉아 울면서 이 갈기 싫다
고된 짐 다 내려놓고
이 모습 이대로 와도 된다고
두 팔 활짝 펼쳐 마중 오신
그 아름다우신 분 향해
죽을힘 다해 달려간다

나무 타령

언제부턴가
마음먹었다.
그늘 마당 정자나무 되자고

호락질*이 서럽고
불모래*에 헛바늘 돋아도
성큼 받아 안을 모양새로
온 하루 흙다짐 하고 싶다.

꼬순내 한 소쿠리 든 그들이 좋다
사막걸음 낙타풀* 된 그들도 좋다.
가을날 빈 주머니
도꼬마리 그득 찬 그들마저 좋다.

실컷 키워낸 두 팔 벌려
속없이 품어 주고
수국 빛 참한 내일 모아두었다가
빼는 손에 쥐어도 주는
아주 커다란 나무가, 지금도 되고 싶다.

*호락질: 남의 힘을 빌리지 않고 혼자서 농사짓는 일.
*불모래: 햇빛이나 다른 열을 받아 뜨겁게 단 모래.
*낙타풀: 중국 신강성 사막지대에 사는 식물로 가시가 많은 콩과 식물.

물 위를 걷다

손톱 갈아세워
물비늘 파대는
멀미 부르는 바다
그 바다.

돌린 고개 어깨 잡아
물 위 걸어오라는데
잡아줄 것 아니면 부르지도 말일이지
안 된다.
정말 못 한다.
방광이 찌릿하니 아려오고
홍두깨질 가슴에 가루비누 풀어져 거품 인다.

침 크게 삼키고
저린 발 살짝 딛자
살갗처럼 들러붙는 확신
담금질한 믿음이 팔짱 끼더니
목젖 너머까지 기쁨이 불꽃놀이 한다.

"트럼펫 불어라!"

"트럼펫 불어라!"
지금 물 위를 걷고 있다.

개나리

흔쾌히 손 털며
넌더리 날 보냈다
선잠 깬 생명줄
우악스레 발 뻗고
보름달로 충만한
샛노란 너털웃음 폭포수 된다

햇살 조각이 여린 어깨 기어오르고
고함질러 불러낸 바람 귓불 때려도
땅바닥에 입 맞춘 큰 결심은
초록 주먹 야물게 쥐고
꽃날을 지켜 낸다

돌곁잠*에라도
찌푸린 날 겪어낼 요량
걷어 두었던 그 웃음
슬며시
주머니에 주워 담는다

*돌곁잠: 이리저리 굴러다니며 자는 잠.

한여름 얼음냉수

다시는 그리 말자
다짐에 다짐했는데
결기의 열탕수
내치듯 끼얹고는
돌아선 가슴 속에는 돌절구 앉는다

품는 것,
그 하나면 족하고 남을 것을
넉넉히 웃으면서 넘기고 말았을 것을
둔한 난
치료 못 할 중환자로 살고 있다

아닌 척 딴청 해도
들켜버린 알몸뚱이
설익은 새댁 밥솥
껄끄런 변명 떫고
텁텁한 입 단내 위에
헛기침이 더 한다

돌아서서 다시 한번 늦사리* 다짐은

목 타는 가슴앓이 이제는 말자며
참말로
한 여름날 얼음냉수 되고 싶다

*늦사리: 같은 종류의 작물을 제철보다 늦게 수확하는 일이나 그런 작물.

초록에 관한 보고서

고운 비가
비릿한 새 생명의 냄새로 내려
헐떡인 목 타오름 해갈하다

구두쇠 땅 아래엔
연한 것 숨소리가
아가의 노오란 걸음마 딛고
주름진 하늘 틈새로
해 가루가 부챗살 펴다

영문 모르던 새순이
어설피 고개 들어
신화로 속 깊어진 바람에
몸 곧추세우고는
찬란한 밤의 귀띔에
쉽사리 열지 않던 속내를 내보이자

마알간 새 각시 수줍은 두 뺨 닮은
이파리
그만 초록이 물들고 만다

초대장

일단
...
하던 일 멈추고
손에 든 것 내려놓고
입은 옷 그대로
셈이 없는 걸음으로
빈 들로 오십시오

하늘이 있을 뿐
광야가 있을 뿐
그리고
내가 있을 뿐

아주 오래전
어디선가 잃었다던
선홍빛 간난 아기 찾아서
심장으로 곱게 안고 가십시오

어떤 하루

어적대는 신발 속 모래알 툴툴 털고
뚱딴지 노랑 꽃에 눈인사 보내야지
인상 쓴 먹구름 앞질러 가거나 말거나
기분 좋게 바람 한 점 품고 갈 거다

질끈 눈 감고 접어든 구부정한 오솔길
손 흔들며 부르는 이 있으면 돌아도 보고
주머니 속 알사탕 한 알 오물거리다가
휘파람 헐렁하게 불어도 좋겠지

머리띠 두른 땅거미
졸린 눈 비비며 주책없이 올 때까지
해를 동무 삼아 에두르며
오늘을 걸어 보고 싶다

은총

이렇게 늦게
적갈색 초겨울 신고 비가 오는데
누구의 초라한 눈물 품고
가슴 아프게 종일 내린다면
축축한 흔적 참 오래가겠다.
품어낸 서러움 참 오래도 가겠다.

톱니바퀴 틈 없이 맞물리고
해와 달이
와이퍼 내저으며 달음박질하는데
내 조용한 뜰 한 모퉁이
작은 씨앗 숨 쉬고 있다면
따스한 소망 참 오래가겠다.
꽃을 볼 마음 참 오래도 가겠다.

갈릴리호숫가
찬란한 풍경 앞에서도
낮은 자 비천한 자
깊은 사랑으로 바라보시는
예수 그리스도.

오늘
그를 품고 산다면
복된 은총 참 오래가겠다.
흘려서 보낼 감사 참말로 오래가겠다.

소명(2)

그러게 왜?
그러길래 왜?
쉽게들 묻는다

내게 열린 길
눈물이 마르도록 서럽기는 하다
돌다리 놓으며 가는 거친 물살에
두려움도 같이 흐르고
손가락질도 이젠 이력이 난다
그러나
가시덤불을 헤치며 핀 찬란한 꽃 보았고
마른장마 단 수박을 맛보았기에
거친 맞바람에
차라리 돛 올리며 나침반 챙긴다

그러게 왜?
그러길래 왜?
쉽게 묻고 또 묻는다

거기에 길이 있어
주저 없이 나섰더니
지나온 발자국에
맑은 물 고이더라고
그걸로 충분하다고
넉넉히 감사하다고
서슴없이
너털웃음 웃으며 대답할 거다

민달팽이

자유를 사러 간다
돌아가지 못한다는 함정 품고라도
기가 찬 욕심 놓아버린 날
차라리
민달팽이로
나만의 길 떠나려 한다
모른 척 살았던 퇴화한 등껍질
이제는 인정해야지
외면했던 그늘 찾아
푸른 하늘 보면서
놓아버렸던 고장 난 시계
배터리 갈아 줘야지

무엇을 얻겠다고
어디에 쓰겠다고 잡으려고만 달리다가
변색한 먼지투성이 석고상 되어버린 나

두껍게 녹 쌓인 무딘 톱니바퀴여
해방을 선포하노라!

동행 일기

그 아름다운 분이,
샛노란 빛 지나친 따사로운 봄날
서러운 추위에 시달려
쪼그려 앉아 땅바닥에 그늘 그릴 때
내 튼 손 잡아 일으키며
볕 나들이하자고 하십니다

송곳으로 내리꽂는 소낙비
겁에 질려 새파랗게 울고 있을 때
큰 우산 속으로 끌어당기며
얼굴 감싸 주십니다

붉은 단풍으로 죽음 저울질하며
소망 소진하고 나락으로 떨어질 때
머리 단정히 쓰다듬어 주며
낙엽 쌓인 길에서도 웃는 비결 알려주십니다

바로 걷기 어려워 비틀대던
연약한 내 인생
그래서 더 귀하다고

품어 안고 걸어 주십니다
그리고 약속하십니다
"사랑하는 자야, 나와 함께 가자"

이제라도

산의 뿌리
바다의 하늘
궁금하지 않았다

깨뜨리고 나가야 생긴다는 길
어둠 가장 깊었을 때 동터 온다는 것
눈 열리지 않아 볼 수 없었다

하루가 수북이 쌓여
머리에 뽀얀 분가루 내려앉아도
모르면 모를 일들
이제라도
늦어버린 이제라도
티 없는 옥처럼 고운
그 지혜 갖고 싶다

은 나팔*

"은 나팔 두 개 만들라"
나의 하나님 여호와께서 말씀하셨습니다
언제 어떻게 부는지 알게 하신다고
나팔 불 때 내 이름 기억하시고
적에게서 구해 주신다고

날 벼리는 장인(匠人) 되어
진력으로 만든 나팔 입에 대고
당신 얼굴만 바라봅니다

*은 나팔: 구약성경 민수기(10:1~10)에 나오는 내용.

야생마

벽 뚫고 내달려야 사는 거라고
바람 부는 대로 따라가는 거라고
밤마다 산발한 구름이 알려주기에
돌베개 눈물로 적시며
주섬주섬 짐 꾸렸다

길이라면 가시덤불 밟았다
찌릿한 산꼭대기라도 숨차게 올랐다
하지만 모두가
배고픔만 더하는 딱한 노동

뛰고 또 뛰어가다가
말발굽 지쳐 멈춘 곳
푸른 초장 맑은 시냇물
물그림자는 목을 축인다
그리곤
혈기 접어 내려놓고
여기서 단잠 청해보려 한다

나의 힘

대가 지급된 인생이면서
드러내지 못해 안달하는 자기 자랑
공평한 저울 등 뒤로 슬쩍 밀어내는 재주
파벽돌 담쌓아 악취 그늘 넓혀가는 능력이라면
그런대로 힘깨나 있는 줄 알았다

집 두고 떠돌이로 살면서
거푸집 짓고 도배하며
음식 한 접시 들고 찾아간
착한 이웃 흉내면
그런대로 괜찮은 사람인 줄 알았다

당최 눈 떠지지 않던 칠흑 어느 밤
찬란한 빛으로 찾아오신 당신
억센 담 허물어 부끄러움 녹이신다
영혼의 썩은 고름 걷어내어
아름다운 옷 입히신다
견고한 성읍, 쇠기둥, 놋 성벽 되라시며
악한 것이 나를 넘보지 못하게 하신다
말과 달음질하고 큰 강물 넘쳐나도

넉넉히 감당할 자로 세워 주신다

거듭난 눈으로 분명 본다
당신을 기뻐함이 나의 힘이라는 것

Revival : 부흥

깊은 수렁 빨려들던 날
뙤약볕 아래 소멸해 가는 민달팽이
강풍에 휘둘리는 마른 장작 불길
기막힌 상황 진을 쳐도
죽도록 버텨내야 했다
버둥거리다 경련으로 늘어지고
검고 검은 밤의 개펄
서툰 해루질*도 소용없고
모든 걸 놓아버리고 싶었다

찐득한 때 엉긴 누더기 벗고
무너진 고개로 들어선 골방
힘없는 낙타 무릎으로 엎드린다
애통한 절규 적셔 낀 깍지 손
터지는 눈물로 뿌연 길 더듬을 때
내 여호와 하나님 건네시는
천둥보다 강한 아주 세미한 음성
땅끝까지 낮아진 영혼으로 받는다

"내가 너와 함께하리라"

"네 연약한 무릎을 세워주리라"
"나의 의로운 손으로 너를 붙들리라"

*해루질: 밤에 물 빠진 바다 갯벌에서 맨손으로 어패류를 채취하는 일. 전라, 충청 방언.

5부 | 아버지의 거루마이

맥없는 사다리 하늘을 향해도

「아버지의 거루마이」 중에서

저녁 무렵

애당초 말 안 듣던 해는
청회색 하늘 조각 하나
창틀에 걸어놓고
잰걸음으로 막차 타버렸다

몰아쳤던 바쁜 신발 하나씩 모여들면
왕후의 밥 걸인의 찬이라도
저녁거리는 누구에게나 소소한 기쁨
새벽에 짜 널었던 빨래
팔짱 끼고 휘파람 불기에
나른함과 섞어 바구니에 담으면
6시 뉴스는 텔레비전 켠다

더부룩했던 하루 배낭
내려놓은 누구라도
못 이기는 척 시인 되는 이즈음엔
각 잡고 서 있는 집마다
하루, 그 조건 없는 감사가
조어등 불빛 되어 밤을 켠다

아버지의 거루마이*

맥없는 사다리 하늘을 향하고
시간을 접고 또 접고
아무리 접어내어 밀어 넣어봐도
흘러내리는 뜨거운 눈물 멈추지 않았다

그래도
살아야 한다고 살아가야만 한다고
꽁꽁 언 밥 덩이 입에 구겨 넣으며
주먹 불끈 쥔 그 혈기도
야망의 푸름 확신하며
누구를 바라도 당당하리라던
고된 땀 흘림의 씨오쟁이도
하나가 둘이 되며
둘이 넷이 되며
넷이 여섯 되어가며
입안 가득한
달콤한 침 삼킴의 수고로움마저도

마음에 넓은 바다 품어지고
깊은 골짜기 품어지더니

눈물도 설움도 그리고 분노마저도
모두 다 잿빛 먼지가 되어
곱게만 쌓여간다

이제,
맥없는 사다리 하늘을 향해도
아버지의 거루마이엔
젊은 날의 편린들이 여유로운 미소 되어
큰 눈을 껌뻑이고 있다

*거루마이: '주머니'를 뜻하는 함경도 방언.

거울

가는 귀먹은 채 허리춤 동여매고
숨 가쁘게 달음질하다 멈춰 서서
거울을 본다
우수리*같은 낯선 시간이
얼굴 한 켠에 움막살이하고
해지개* 건너와 앉아
헐떡이는 땀 밴 내 머리를
익숙하게 쓰다듬는다
깨금발로 목을 빼어 돌아보니
죄암죄암* 도리도리
내게도 그 시절이 있었건만
갈무리 못 한 기억의 빈 주머니
손을 넣어 휘젓는다
어느새
거울 속엔
알아채지도 못한 사이
내 어머니 마중물로 서 계신다

*우수리: 일정한 수나 수량을 다 채우고 남은 수나 수량.
*해지개: 해가 서쪽 지평선의 산 넘어가는 곳.
*죄암죄암: 젖먹이가 두 손을 쥐었다 폈다가 하는 동작.

어머니의 정류장

풋잠도 설어버린 새벽녘
허한 아버지 빈소에
스산한 12월이
하얀 국화로 비 내리고
식어버린 당신 이마에
천국이 부드럽게 입 맞춘다

손님 같은 평안이
팔순 어머니 성근 백발 쓰다듬고
부어 벌건 두 눈 어루만져 줄 때
구부정한 흰 그림자
헐거운 틀니 빼내어
눈물 묻은 기도로 칫솔질한다

"잘 가시오"
"평안히 가시오"
"천국에서 꼭 만납시다"

시려 떠는 유리창 밖
코발트 빛 새벽 입김이

갓 난 해와 손잡고
미소 띤 영정 위에
하늘가루 곱게 불어 편다

그 새

정릉천 산책로 칠 벗겨진 나무 의자에
작은 새 한 마리 힘없이 앉는다
깃털보다 가볍게 지난 시간 날려 보내고
오늘을 헤엄치는 버들치 유희에 시선 건넨다

총명한 누구보다 빛나는 눈동자 부릅떠
악착같은 날개로 퍼덕이고 살았지만
훌쩍 떠나면 그만인
여위어 가는 세상살이
촘촘하게 실타래 감는다
한번 긴 숨 내쉬고
개울물에 얹힌 햇살로
영혼의 바닥부터 따사롭게 데운다

괜찮아, 괜찮아

엄마는
언제나 그러시곤 하셨다

삭풍의 험한 길
갈라진 손등 위로
치미는 삶의 통증조차
침 삼키며 웃으셨다

끝없는 터널 길
어둠 묻은 딸 보실 때도
돌아서 피눈물로 한술 밥 뜨시며
바닥을 탁~ 치고 나면
오를 일만 남았단다

여자이고
자식이고
아내이고
인간이고
과거도 현재도 미래도 있다지만
엄마는 네 엄마로서

엄마만이 갈 길이라
한겨울 돌멩이로 단단히 자리 잡고
치열한 여름에도 긴 장막 헤쳐 가며
언제나 하시던 노래

"괜찮아, 다 괜찮아"

눈 내리는 날

온 천지 무심하게 허무로 눈 내리면
흐려지는 동공 안으로 어린 날 머문다
밤사이 얼리려고 내놓은 설탕물 대접
새벽녘 일어나서 쌓인 눈 함께 들여
숟가락 짧게 잡고 박박 박박 긁었다
밖에는 끊어짐 없이 눈이 내리고
따순방 아랫목에 강아지처럼 뒹굴던
내 유년의 소중한 기억들
이제는 뜀박질로 자꾸만 흩어져도
하얀 눈 내리는 어떤 밤이면
여전히
희미한 줄거리의 동화로 문 두드린다

넋두리

그랬구나,
시린 봄 꽃소식 앞질러
맥 풀고 퍼르퍼르 내리던 고운 눈발
이별 인사 그리 보냈구나

질흙보다 찰진 아픔
실 잣듯 훑더니
뽀오얀 분가루 날리며
얌전히도 돌아섰구나

꼬리 무는 생각들이 사다리 오르고
옷매무시 비트는 고통이 비 내렸겠지
뉘라도 깰세라 목 죽여 흐느꼈을
날 선 퍼런 밤은 얼마나 시렸을까?

자드락밭 새벽 열 때
먼 길 가는 내 동무야
에움길 모퉁이 가녀린 구석까지
청량한 노랫소리
한껏 뿌려 놓을 테니

다 털어내고
깃털로 날아올라
생명수 강가에서
나비잠 누리게나

이사

살붙이 같던 집을 어머니가 떠나기로 하셨다. 손바닥 채소밭 가꾸어 살던 앞마당을 비우기로 하셨다. 아버지 체취로 더 향기로울 자목련을 뒤로 하고 40년 풀어내던 연재 소설 한 편 마무리하실 참이다.

이젠 옷매무시 한번 고쳐보시라고, 아파트의 편리함에 누워보시라고 명절 때면 자식들은 열심히도 권면했었다. 내년에 다음에 다시 생각하자시더니 마침내 고개를 끄덕이셨다. 당신의 상추랑 방울토마토가 봄마중 채비하는 걸 아시면서도.

아파트엔 새 전자제품, 새 가구 분주하게 들어온다. 효도라는 신념은 변함없는데 잘한 일이라고 자찬하는데 가슴이토록 시려오는 것은 왜일까? 이젠 자식들 하자는 대로 해야 한다며 조용히 세월을 받아들이시는 어머니의 흔들리는 눈빛 때문일까?

지산아
– 첫돌 축복하며

오랜 약속이었지
말갛게 묻어나는 입가의 배냇짓
전설로 품어 온 소망향기
그 달디단 너를 안아 받는다

조막진 작은 손
긴 세상 얘기 풀어갈 때
따스운 촛불로 노래하거라
어설픈 걸음마
구름 따라 걷다가
쉴만한 시냇가 이르거든
물 댄 동산 짙푸른 나무로 너를 만나렴
작달비* 몸 젖고
노대바람* 휘청이며
거친 밤 도둑눈*에 두 눈 시릴 때
세상 이기신 이의 속마음
손 셈하는 지혜를 품어내거라

드러눕는 오늘이
독수리로 날개 펴

고운 백합 향기 내니
엔학고레* 물 마심으로
정결한 그릇 빚어지길

산아,
무릎으로 깊이깊이 축복하노라

*작달비: '자드락비'의 줄인말. 굵직하고 거세게 퍼붓는 비.
*노대바람: 풍력 계급 10의 몹시 강한 바람.
*도둑눈: 밤사이에 몰래 내린 눈.
*엔학고레: En-Hakkore. '부르짖는 자의 샘'이라는 뜻의 히브리어.
　　　　(구약성경 사사기 15:18-19)

우리 동네 치킨 가게

풀 죽은 이삿짐
오리 발바닥 두어 평 가게에서 밀려 나갔다
폐업이다, 벌써 몇 번째인지

얼마 뒤 치킨 가게 들어섰다
한 사람 드나들기도 빠듯한 출입문
어눌한 유리 창가 선반엔
털 뽑힌 닭 서너 마리 부끄럽게 엎드렸다
중고 튀김기 앞 주춤하게 선 중년의 사내
집게랑 가위 쥔 서툰 손동작에
목 늘어난 티셔츠엔 흥건한 땀줄기

오가는 길 슬쩍 들여다보면
두 개뿐인 테이블에 손님 앉은 걸 보지 못했다
떨군 고개에 담배를 문 그와 튀겨진 닭들이
입 다문 가게 돌덩이로 지키고 있다
선들한 기운이 마음을 훑는다

서너 달쯤 지났으려나
오리 발바닥 두어 평 가게에서

풀 죽은 멀쩡한 집기들 떠밀려 나갔다
또, 폐업이다

여열餘熱*

알긴 알았다
그런 날이 올 거라는 것
그러고는 닥치고 말았다
끝없이 쇠잔하고 무너지시던 당신
유골함 땅에 묻던 하얀 오후
검은색 식구들 등 떠미셨다, 이제 내려가라고
종일 온몸에 차가운 구멍 뚫려도
무심한 장례식의 밤은 늘 그렇듯 내렸는데
백지장 되어 잠 뒤척이던 내게 찾아와
하얀 솜구름 속 당신 활짝 웃으며
고마웠다고 사랑한다고 말씀하시더라
광복절 지나면 바닷물 차가워진다고
가을맞이 그리도 기다리시더니
지각생처럼 바삐 걸음 재촉하셨다
요양보호사 늘 말했다 성품대로 가신다고
얌전하고 정결한 일생 전동침대에 벗어놓고
햇빛 먹인 삼베 날개 달고 본향으로 날아가셨다
주인 잃은 맥 끊긴 옷가지 정리하며
벽지에 묻은 슬픈 손때 문지르며
수도 없이 앉으셨던 색 바랜 변기 씻어내며

나도 떠나는 날까지 정갈하게 살고 싶어서
성품처럼 갔구나 뒷말 남기고 싶어서
식어가는 심장으로 품는다, 어머니 빈자리를

*여열: 심한 더위 뒤에 남아 있는 더위 또는 병으로 고열이 난 뒤에 남아 있는 열.

비가 오다

지렁이 한 마리 만날 수 없는
도시의 비 오는 날
하릴없이 벽 기대고 앉아
줄 타고 내리는 유리창 빗줄기를 본다

시간도
사람도
생각도 떠나가는 요즘
후하게 흘려주는 빗줄기를 본다

웃음이 사치가 되고
노래도 잊히는 아스팔트 도로 위에
흡족히 숨통 열어주는
청량한 비처럼
가물어 메마른 내 마음 밭에서
풍족한 은혜의 비 누리고 싶다

어미

제주 묶음 여행 둘째 날
관광버스 가이드가
모두 저 바다 보라면서
조곤조곤 옛이야기 시작합니다

그 시퍼런 바당* 밭이라며
물적삼* 여미고 뛰어들어
품고 온 전복·소라·미역·성게
저승 돈 벌어 이승 자식 뒷바라지
목숨 내놓고 물질하던
어멍* 살던 곳이라고

숨비소리 다 뱉어낸 육신
용천수 퍼담은 물허벅 지고
80리 길 달음질쳐 닿은 집
어린 것들 끼니 끓여 먹이던
어멍 살던 곳이라고

물때 맞춰 나갔지만
너울 파도에 휘둘려

암초에 부딪히고 찢기는데
바를 약조차 없어
뿌리 뽑힌 감태 주워 말려
우려낸 물에라도 상처 달래던
우리 어멍들 살던 곳이라고

생채기 덧나듯 아려옵니다
어미로 살아온 내 물적삼도
거기 있는 것 같아서

*바당: '바다'의 제주도 방언.
*물적삼: 제주에서 해녀들이 해산물 채취할 때 입었던 윗옷.
*어멍: '엄마'의 제주도 방언

대물림

돈 벌러 멀리 떠났던 엄마
몇 년 만에
며칠 자고 떠나던 날
학교서 돌아오니 엄마 짐가방이 없다
함께 자던 방바닥 엉금엉금 기며 울고 또 울었다
목이 쉬고 쓰리도록 엄마 불렀다
자다 깨어 팔 뻗으니 빈 이부자리에 찬 바람만

미술 시간
밑그림 지우다 구멍 난 도화지에 엄마 얼굴이 보여
울컥 눈물 참으며 크레파스로 꾹꾹 색칠했다
토할 듯 보고 싶어 덧칠만 계속했다

오래전 가르치던 어린 학생 일이다
지금쯤 아이도 엄마 되었겠다
문득 그때 생각나면
말린 과실 즙 짜듯 간절히 바라고 또 바란다
살붙이 떠나가던 어미 심정 알아주기를
먹먹한 가난 대물림 없기를
그래서 서럽던 기억의 언 자리 온기 돌기를

너의 결혼식
– 딸의 결혼 축하하며

네 이름이 있기도 전에
이미 마련된 선물이구나

기별조차 없던 그때부터
날개돋이 꿈을 품어
널 축복할 양이면
꼬리표 달아매듯
보이는 실상으로 마주 앉혔다
또 하나 열릴 문 앞에
차곡히 눌러 쌓인 기도들이
사부자기 차꼬가 풀려
봄빛 꽃바구니에 소담스레 자리 잡는다
뉘도 모를 푸른 떨림을 손에 얹고
가슴 터질 대로 터지는 다홍빛 감사로
고운 색동 매듭 풀어 보거라

아직
네 이름이 있기도 전에
진즉에 마련된 찬란한 선물이니까

시 빚는 밤

종알대던 하루가
서둘러 딱지 접는다
모서리 깎인 육신은 물먹은 솜 되고
반딧불이 총명하게 몰려온다

무뚝뚝한 시계 소리
그윽한 자동차 바퀴의 앓는 소리
속 깊은 밤 별의 수다가
잠 부르는 내 어깨에
살포시 내려앉는다
서툰 깃발 날림과
녹슨 훈장의 쓸쓸함과
씹다 미뤄놓은 껌딱지 시간은
넉넉히 다리 뻗고 시에서 숨 쉰다

축제의 무희 가면 내던지고
맨발의 춤 휘적거리면
그제야,
시 빚는 밤은
달큼하게 농익어 간다

지수야
― 첫돌을 축하하며

노오란 구슬 하나
가슴에 품어
하늘 먹고
바다 먹고
꿈도 먹고
엄지 검지 날 꼽아
벚꽃 아치 요람에
고운 옥돌 뉘었지

디뎌갈 꽃길보다
내민 아장 발 귀해
깍지 손 등불 켜
머리맡에 놓아줄게
사랑 엮은 자장가로
여며도 줄게

먹구름 눈 흘기고
진창길 막아서도
지수야,
하늘 뜻 머문 곳

네 튼실한 궁전 지어
야문 열매 오롯이 맺어 가면
또박이 계수된 금목걸이
네 목에서 기쁘게 노래할 거야

창가에서
— 타국, 그 쓸쓸한 밤에

잊지 않고 떠나가는 하루
낯익은 뒷자락 타고
빛바랜 코발트 여울 내리면
절인 그리움에 겨워
이국땅 익숙한 창가에
맥없이 기대어 본다

저문 밤 한 귀퉁이
무심히 날아가는 밤 비행기
그것은 콧잔등 시큰한 또 하나의 아픔
시간은 적막으로 달리고
괜스레 습기 찬 눈빛으로
별 심긴 하늘 본다

생소한 언어로 닦아가는 삶의 바퀴
여전히 굴러야 하기에
나사못 하나라도 더 조이는
나는 누구인가?
여기는 어디인가?
사는 것은 사는 것이기에

낯선 땅은 어제 입던 옷 되어
아무렇지도 않게 걸쳐지는데
자리 잡을 서러운 밤
이렇게 찾아오면
가슴엔
또 하나 창문이 열린다

가요무대

KBS1 월요일 밤 10시
친정 부모님 긴 하루 접고
소파에 나란히 앉아 누르시던 리모컨
'노란 셔츠 입은 사나이' 손뼉 치며
'이별의 부산정거장' 목이 메는 설움으로
입 오물거리시던 노래 · 노래 · 노래
아버지 먼저 하늘나라 가신 뒤
어머니는 그 밤 그 시간 약속처럼 지키셨다
하지만 손뼉 치지 않으셨다
설움으로 노래 안 하셨다
입조차 오물거리지 않으셨다
TV 옆 아버지 영정 사진만 흘끔흘끔 보셨다
그리고 어느 날 아버지 만나러 떠나셨다

푸른빛 많이 지나간 우리 부부
흰머리 늘고 하루 길어지면서
누구랄 것 없이 월요일 채널 슬며시 고정하고
소파에 부모님처럼 앉는다
여전히 낯익은 가수들은 노래 부른다
"그리웠던 그 목소리, 보고팠던 그 얼굴들 …"

|해설|

삶에 대한 사랑이 가득한 기도와 소망의 시

황은수(시인, 영문학 박사)

　모든 예술작품은 작가의 상상력과 창의력의 산물이며 그 예술작품 속에는 작가의 마음과 생각, 그리고 삶이 녹아 있다. 시를 읽으면 그것을 쓴 시인의 마음과 생각 그리고 삶이 보이고 그의 모습과 행동이 이해된다. 그래서 시는 쓴 작가의 가장 중요한 한 부분이며 바로 시인 그 자체인지도 모른다. 알게 된 지 그리 오래되지 않은 초하 김미란 작가의 시를 읽으며 그녀를 더 잘 이해하게 되었고 그녀의 시가 주는 매력에 끌려 시 해설을 쓰게 되었다.

　김미란 작가는 누구나 마주할 수 있는 상황을 독자가 새삼스레 공감하며 감동할 수 있도록 세밀하고 아름답게 표현하는 남다른 능력을 지닌 듯하다. 그녀의 시를 읽고 나서, 풍부한 표현과 독특한 향기가 가득한 언어의 공간 속에서 울고 웃고 사색하며 노닐다 나온 듯한 느낌이 들었다. 감동적인 영화 한 편을 보며 마치 주인공과 하나가 된 듯한 느낌도 들었다. 화음이 화려한 멜로디가 높고 낮게 또는 빠르거나 느리게 연주된 인생이란 협주곡을 들은 듯한 느낌을 준다.
　김미란 작가의 호는 '초하(草河)'이다. 나에게 이런 감동을 준 초하가 쓴 작품의 특징을 다섯 가지로 정리해 보았다.

　1) 인간에 대한 따뜻한 애정이 듬뿍 녹아 있다.
　우리는 매일 이러저러한 이유로 사람들을 만난다. 보고 싶은 친구나 지인들은 일부러 약속하여 만난다. 하지만 친구나 지인이 아닌 많은 사람도 만나고 산다. 슈퍼마켓에서 물건을 살 때도 만나고, 대중교통을 이용할 때도 만나고, 병원이나 은행에 갈 때도 만나고, 길을 걷다가도 만난다. 어떤 이들과는 가벼운 눈인사를 나누기도 하고 짧은 얘기를 하기도 하지만 대부분 많은 수의 사람은 그저 스쳐 지나가기만 하며 살아간다. '옷깃만 스쳐도 인연'이라고 하는 말을 모르는 사람은 아무도 없을 텐데 그렇게 만나는 인연에 대하여 애정을 갖고 관심을 기울이는 것은 아무나 할 수 있는 쉬운 일은 아닌 것 같다. 그저 스쳐 지나가는 많은 사람은 풍경의 한 부분처럼 시야에서 사라져 간다. 하지만 초하의 시 속에는 풍경처럼 스쳐 지나가는 사람에 관한 관심과 애정이 소박하고 따뜻하게 녹아 있다. 그래서 독자에게 인간에 대하여, 존재에 대하여, 생명에 대하여 다시금 생각해 보게 만들어 주는 마력이 있다. 이러한 마력을 느끼게 하는 구절들을 감상해 보자.

「What a wonderful world」에는 시인이 이른 저녁에 동네 개울 옆 산책로를 걷다가 만나게 되는 이웃들의 평범한 모습이 정감 있게 그려져 있다.

[……]
목도 길고 다리도 긴 왜가리 물속 버들치 집어내는 주둥이 장관입니다
그 재미 찍겠다며 구경하던 할아버지 휴대전화 꺼내 떨리는 초점 맞춥니다
회색 후드티셔츠 여자가 늘어나는 목줄 묶인 검정 푸들 끌고 갑니다
이른 저녁 마실 나온 부부 걸어가며 웃음꽃 환하게 퍼뜨립니다
세월이란 녀석 쉬고 간 벤치, 할머니들 찬거리 주제로 토론 활기찹니다
유모차에 아가 누인 젊은 새댁 물에 비친 하늘 맑갛게 내려다봅니다
봄날에 당치않은 하늬바람 불어 부끄럽게 내민 이파리 허둥대며 춤춥니다
아까부터 여기저기서 저녁 짓는 푸근한 냄새 풍겨옵니다
— 「What a wonderful world」 부분

시인이 생각하는 것은 '저녁 짓는 푸근한 냄새'가 풍겨오는 일상이 바로 'wonderful world'라는 것을 느낄 수 있다. 그런 평화로운 세상에서 평화롭게 살아가는 평범한 사람들의 스치는 모습을 구체적으로 묘사하며 그리고 있다. 예를 들면, 떨리는 손으로 사진을 찍는 할아버지, 푸들을 끌고 가는 여자, 저녁 마실 나온 부부, 찬거리를 얘기하는 할머니들, 유모차를

세우고 하늘이 비친 개울물을 바라보는 젊은 여인. 그들은 우리가 일상에서 아무렇지 않게 마주칠 수 있는 평범한 사람이다. 그러한 사람을 구체적으로 묘사하며 시를 쓸 수 있는 것은 그들을 바라보는 시인의 마음속에 인간을 향한 관심과 애정이 있기에 가능한 일이다. 그와 함께 버들치를 물어 올리는 왜가리와 봄바람에 흔들리는 이파리도 노래하고 있다. 인간과 더불어 존재하는 작은 생명을 대하는 관심이 세세하게 느껴지는 부분이다.

「정동길 재즈」에서는 모교 앞에서 웃으며 사진 찍는 중년 여인들의 모습이 시인의 눈길을 끌고 있다. 누구나 한 번쯤은 경험할 수 있는 그 순간을 스냅사진처럼 노래할 수 있는 것도 인간에 대한 시인의 관심과 애정에서 비롯된 능력이다.

> [……]
> 여고생이었을 중년 몇몇
> 까르르 사진 찍으며
> 떠나지 못하는 졸업한 학교 앞
>
> ―「정동길 재즈」부분

길을 가다 우연히 마주치게 되는 낯선 사람들을 무심히 지나치지 않고 그들의 모습을 세심히 표현하며 시를 쓸 수 있는 시인의 마음과 능력은 '우리 동네 치킨 가게'에서 극대화된다. 시인의 따뜻한 인간애와 시적인 능력이, 독자 마음속에 이 사람을 향한 연민과 애정을 불러일으킨다.

> 풀 죽은 이삿짐
> 오리 발바닥 두어 평 가게에서 밀려 나갔다
> 폐업이다, 벌써 몇 번째인지
> 얼마 뒤 치킨 가게 들어섰다
> 한 사람 드나들기도 빠듯한 출입문
> 어눌한 유리 창가 선반엔
> 털 뽑힌 닭 서너 마리 부끄럽게 엎드렸다
> 중고 튀김기 앞 주춤하게 선 중년의 사내
> 집게랑 가위 쥔 서툰 손동작에

목 늘어난 티셔츠엔 흥건한 땀줄기
오가는 길 슬쩍 들여다보면
두 개뿐인 테이블에 손님 앉은 걸 보지 못했다
떨군 고개에 담배를 문 그와 튀겨진 닭들이
입 다문 가게 돌덩이로 지키고 있다
선들한 기운이 마음을 훑는다
서너 달쯤 지났으려나
오리 발바닥 두어 평 가게에서
풀 죽은 멀쩡한 집기들 떠밀려 나갔다
또, 폐업이다

- 「우리 동네 치킨 가게」 전문

이렇게 또 폐업하는 두어 평 작은 가게들이 어디 치킨 가게뿐일까? 유리창에 커다랗게 빨간 글씨로 '임대'를 써 붙여 놓은 비어 있는 점포들은 우리가 흔히 볼 수 있는 어려운 경제 현실의 단면이다. 그렇게 얼마간 지나면 누군가가 새로 가게를 시작하지만 오래 가지 않아 또다시 폐업하고야 마는 서민들 생존의 애환을 시인은 '우리 동네 치킨 가게'를 통해 그림처럼 보여주고 있다. 목 늘어난 티셔츠를 입고 중고 튀김기 앞에서 서툰 손동작으로 치킨을 튀기던 중년의 사내가 고개를 떨구고 담배를 무는 모습이 안타깝고 슬프게 느껴진다. 시인이 마음속에 지닌 이웃을 향한 관심과 인간에 대한 연민을 잘 보여주는 작품이다.

무심코 지나칠 수 있는 이웃에 대한 세세한 표현이 소극적 애정이라면 다음 세 편의 시 마지막 구절에서 보여주는 소망은 그런 이웃 사람들에 대한, 더 나아가 보편적 인간에 대한 적극적 애정이라고 할 수 있을 것 같다.

[……]
내일 기쁘고 싶으면 오늘부터 기뻐야겠지요
제가 가진 진주 한 알 드려도 될까요
당신 마음속에 평안이 밀려오길 소망해요

- 「안녕하십니까?」 부분

[……]

실컷 키워낸 두 팔 벌려
속없이 품어도 주고
수국 빛 참한 내일 모아두었다가
빼는 손에 쥐어도 주는
아주 커다란 나무가, 지금도 되고 싶다

― 「나무 타령」 부분

서슴없이 낯선 이에게 말 붙이고
주머니 사탕 한 알 건네는 오지랖 떨며
흐르는 물에 이 질그릇 씻으며 살게 하소서

― 「늦봄에」 부분

'당신 마음속에 평안 밀려오기를 소망한다.' '빼는 손에도 참한 내일 쥐어도 주는 아주 커다란 나무가 되고 싶다.' '낯선 이에게도 사탕 한 알 건네는 오지랖으로 질그릇처럼 살고 싶은' 시인. 그 질그릇도 흐르는 물에 씻으며 살고 싶어 하는 시인 초하의 소망이 담긴 시가 가만가만 감동을 불러온다. 시를 통해 인간에 대한 속 깊은 애정을 표현하는 '초하'야말로 진정한 휴머니스트라 생각된다.

2) 깊은 회개와 구원에 대한 갈망을 통하여 삶의 소망을 기도하고 있다.

초하는 그녀의 시 속에서 회개를 통한 구원을 갈망하고 구원을 통한 소망을 기도한다. 그 갈망과 기도가 너무도 절절하여 언어로 지어진 하나님을 향한 기도의 집 같다. 회개와 구원의 벽돌로 지은 아름다운 기도의 집 같다.

통곡하며 들어선 골방에서 시작되는 초하의 회개는 몸을 낮추고 화장을 지우는 행위로 표현되었다. 회개를 통한 구원의 갈망은 어떻게 살아야 할지 몰라 비명을 지르며 산자락을 타고 내리 달리는 '메도티'를 자신에 비유하며 표현하고 있다.

[……]
통곡으로 들어선 골방에서

근육통 심해진 육신 구부려
회개와 겸손으로
입술부터 화장을 지우기 시작한다

− 「화장」 부분

[……]
날카로운 어금니를 각 세워
끄웨에엑 끄웨에엑 비명 지르는
한 마리 메도티 되어
산자락을 타고 내리 달린다
어떻게 해야 하나
어떻게 살아야 하나

− 「메도티」 부분

어떻게 살아야 할지 몰라 비명을 지르는 메도티를 자신에 비유할 만큼 힘들었던 시인은 이제 낮은 곳에 놓여 있는 칠 벗겨진 나무 의자에 힘없는 작은 새로 앉는다. 개울물 속에서 노니는 버들치를 바라보며 긴 숨을 내쉬고 있다. 비명을 지르며 내리 달리는 '메도티'와 나무 의자에 힘없이 앉아 있는 '작은 새'. 극명하게 대조되는 은유가 시인의 힘든 내면의 모습과 회개의 과정을 잘 보여주고 있다.

정릉천 산책로 칠 벗겨진 나무 의자에
작은 새 한 마리 힘 없이 앉는다
깃털보다 가볍게 지난 시간 날려보내고
오늘을 헤엄치는 버들치 유희에 시선 건넨다
[……]
한번 긴 숨 내쉬고
개울물에 얹힌 햇살로
영혼의 바닥부터 따사롭게 데운다

− 「그 새」 부분

훌쩍 떠나면 그만인 세상살이지만 통곡하고 화장을 지우고 메도티처럼 비명을 지르다가 이제는 힘없는 작은 새가 된 시인은 개울물에 얹힌 햇살로 영혼의 바닥부터 따사롭게 데우기 시작한다. 회개와 갈망을 통하여 구원이 시작됨을 알려주는 아름다운 순간이다. 바닥부터 따뜻하게 데워진 영혼은 따뜻한 기도문을 폭풍처럼 쏟아내며 자유로운 상상의 표현으로 시를 써 내려간다. 회개와 구원에 대한 갈망을 통하여 어떻게 살아가야 할지 깨달은 시인은「부디」에서 그 마음을 잘 표현하고 있다.

    [……]
    누구라도 품어 안는
    따사로운 봄의 뜨락 되어
    주님 애통한 마음으로 바라보시는 곳에
    눈보다 손이 더 빠르고
    계산보다 발이 먼저 달려가
    받아만 온 사랑 아낌없이 풀어헤치게 하소서

    당신의 향기 되고
    당신의 편지 되라 하시니
    그리 살도록 도와주소서
    부디,
    찌꺼기 남기지 않는 삶을 살게 하소서
                                       -「부디」부분

시인은 봄의 뜨락처럼 따뜻한 사람으로 사랑을 풀어헤치며 살기를 바란다. 하나님의 향기와 편지가 되어 살기를 바라며 또한 찌꺼기 남기지 않고 살기를 바라고 있다. 어떻게 살아야 할지를 깨닫고 자신이 깨달은 대로 살 수 있기를 기도하는 삶이야말로 가장 아름다운 소망의 삶이다. 초하의 시는 그러한 아름다운 소망의 삶을 노래하고 있다.

  3) 낯선 어휘가 많이 등장하는 초하의 시는 학구적이며 풍요롭다.
  초하의 시를 읽다 보면 낯선 어휘가 수시로 등장한다. 시의 전후 맥락을 통해 그 뜻을 유추할 수는 있지만 단어의 정확한 뜻이 무엇인지 궁금할 때면 시 하단의 각주가 반갑게 눈에 들어온다. 국어사전이나 백과사전을 찾아 새로운 단어를 공부하듯 초하의 시를 통해 새로운 단어를 익히게 된다. 그러한 단어들은 그 성격도 다양하다. 고어도 있고, 고유어도 있고, 방언도 있고, 외국의 지명을 나타내는 고유명사도 있고, 성경에 나오는 히브리어도 있다. 더 나아가 좀처럼 사용하지 않는 우리의 표준어도 있다. 자신의 시에 잘 어울리는 남다른 어휘를 선택해 적재적소에 사용하는 시인의 능력은 매우 탁월하며 그렇게 선택된 어휘들은 은은하게 시의 품격을 높여준다.

필자에게 새로웠던 어휘들의 예를 들어보면 다음과 같다.

엔학고레, 거르마이, 거추꾼, 불모래, 햇비, 호락질, 도꼬마리, 늦마, 낫자리, 구럼비낭, 놀멍쉬멍, 메도티, 고구마 빼대기, 모루, 두모악, 갈바람, 먼나무, 닝큼, 죄암죄암, 해지개, 곡비, 석누조, 예레반, 코히라테, 캅카스, 그니, 해루질, 바당, 어멍 …

이러한 신선한 어휘들을 접하며 초하의 시를 읽다 보면 문학과 어학을 함께 느끼며 배우는 듯하다.

4) 친숙한 음식과 일상적인 상황도 특별하고 의미 있는 것으로 만든다.

우리가 흔히 먹는 먹거리가 시의 소재가 될 거라고는 생각하지 못했다. 너무나 평범한 음식들이 시 속에서는 특별한 소재가 되어 그 맛과 빛을 발한다. 초하의 시에 등장하는 짜장면, 설렁탕, 깍두기, 계란말이, 순대, 사과 … 등등. 우리에게 친숙한 이 음식들이 새삼 더 맛있는 표정으로 정겹게 다가오는 듯하다.

「교동도 짜장면집」에 등장하는 짜장면은 곧 그리움이다. 아마도 시인은 교동도에 갔다가 오래된 중국음식점에서 짜장면을 먹은 것 같다. 그냥 지나쳐 갈 수 있는 삶의 한 부분이 아련한 스냅사진처럼 이야기로 흐르다 그리움의 시가 되었다. 가만히 기억을 더듬어 보면 짜장면과 연관 지어 떠오르는 작은 추억 하나쯤은 누구나 있을 법도 하다. 그런 추억이 그리움이 되고 시가 되는 초하의 연상 작용은 소박함의 레토릭(rhetoric)이라고 해도 과언이 아닐 것 같다. 앞으로 누군가와 어딘가에서 짜장면을 먹을 때면 '자기 몫만큼의 그리움 한 그릇씩 먹는다'는 구절이 떠오를 것 같다.

>[……]
>나이깨나 먹은 짜장면집이 있다
>향수로 닮은 조리도구
>고즈넉한 주방 초로의 부부
>뚝뚝한 세월 치대어 삶아낸
>면발에서 김이 오른다
>대를 잇는 알싸한 정 썰어
>불맛으로 볶은 짜장 소스 얹으면
>이 손 저 손 바쁘다
>객도 주인도 자기 몫만큼의
>그리움 한 그릇씩 먹는다
>
>—「교동도 짜장면집」 부분

어느 정도 연세가 있는 한국인이라면 누구에게나 친숙한 음식인 설렁탕을 소재로 한 「설렁탕」도 초하의 개성이 한껏 드러난 '음식 시'이다. 설렁탕과 가장 완벽한 조합을 이루는 깍두기와 배추김치도 덩달아 조연으로 등장하는 이 작품은 추운 겨울날이 아니더라도 입 안에 침이 고이게 만든다. 뚝배기를 비스듬히 세우고 말끔히 국물을 비워 먹는 설렁탕 사랑이 '음식 시'의 진가를 보여주는 듯하다.

>[……]
>튼실한 깍두기, 자르르 붉은 배추김치
>우적우적 씹으면 젖 먹던 힘 생기고
>흘러내리는 땀 닦아가며
>냄비 받침에 비스듬히 세운 뚝배기
>조신하게 긁어 먹고 마무리합니다
>
>—「설렁탕」 부분

짜장면과 설렁탕에 이어 순대를 주인공으로 한 「삼천 원어치」는 음식 시의 신세계다. 시에 사용되는 다양한 표현법들: 활유법, 직유법, 은유법,

과장법, 대조법 등이 자유롭고 자연스럽게 춤을 추며 순대의 맛을 극찬하고 있다. 어른이 되어서 변한 입맛에 '삼천 원어치'보다 비싼 기대와 행복을 주는 삼천 원어치의 순대가 이 시를 읽는 독자에게 값비싼 재미와 의미를 부여해 주고 있다. 순대를 통해 생각과 느낌, 입맛은 변하는 것이고 선입견은 불필요할 것임을 새삼 돌이켜보게 하는 독특한 작품이다.

[……]
30년 순대 장사 아주머니 비닐 덮개 벗기고 실한 가락 꺼낸다 모락모락 널브러진 순대에 낡은 기억 얹혀 함께 썰린다

초등학교 시절 담벼락 너머 집에선 일 년 내내 순대를 삶았다 고약한 냄새 온 동네 욕받이였다 한여름엔 무더위 보태 메슥거리는 짜증이었다
저걸 절대로 먹지 않으리라 다짐했었다

뒤로 나자빠졌던 거북 뒤집히듯 어른 되어 입에 처음 넣어본 순대 한 점은 신세계. 역한 냄새는 무덤 같은 단어 풀칠해 붙였었는데 … 선입견의 몰락!

순대 담긴 검정 비닐봉지 큼 집어 든다 시멘트로 막은 생각 뚫어버린 지 이미 오래 속 채우고 삶아내며 수고했을 정성과 땀으로 내 입속에서 잔치할 소소한 행복. 삼천 원어치보다 비싼 기대는 집으로 재촉한다

- 「삼천 원어치」 부분

음식과 관련된 작품으로 사과를 소재로 한 시 한 편을 더 감상해 본다. 사과는 아침에 먹는 것이 건강에 좋기에 아침에 먹는 사과는 '금사과'라는 말도 있다. 초하는 아침에 먹을 사과를 골라 식탁에서 먹기까지를 「내가 좋아하는 것들」 두 번째 연에서 재미있게 묘사한다. 맛있는 사과를 잘 골라 먹는 일을 즐거운 노동으로 은유하는 것은 삶에서 노동이 차지하는 중요성을 인식하고 실천하는 시인이기에 가능한 표현이 아닐까. 단단하고 잘 익은 사과가 사각사각 소리를 내며 맛있는 노래를 불러줄 것 같은 '사과가 좋다'도 친숙한 사과를 새롭게 만들어 주는 작품이며 진솔한 작가의 개성이 잘 드러나는 작품이다.

[……]

2.

사과가 좋다.
냉장고 과일 칸에 사과 동나면 큰일 나는 줄 알고 산다. 생활 어렵던 시절에도 저렴한 사과 몇 알 정도는 여유롭게 두고 살았다. 간혹 근처 마트 들렀다가 박스에서 갓 풀어 낸 과실 보면 기특한 탐심으로 골라 담는다. 맛있는 녀석들 고르는 일 과수원 주인 다음 자리는 차지할 거라 자부한다. 껍질이 웬만큼 꺼칠한 것, 붉은 기가 햇살과 잘 버물어진 것, 입 다문 듯 야무지고 단단한 것이 내 차지다. 다음 날 아침 식탁에서 쟁취한 전리품 입에 넣으면 묘한 승리감을 얻을게다. 입에 합할 사과 고르는 일 그리고 사각사각 씹어 품평하는 건 참 즐거운 노동이다.

－「내가 좋아하는 것들」부분

초하는 그녀의 시에서 소박한 음식을 가장 특별하고 맛있는 음식으로 만들고 있다. 가장 평범한 음식조차 아름다운 시의 소재가 될 수 있음을 보여주는 시인은 평범함과 소박함의 소중함을 일깨우며 시의 친밀감을 도모하는 것 같다.

5) 작가의 무한한 상상력으로 가득한 자유롭고 감탄스러운 표현의 향연

예술작품을 매력적으로 만드는 중요한 요소 중의 하나는 작가의 상상력이다. 초하의 작품은 모든 독자가 공감할 수 있지만 아무나 따라 할 수 없는 참신한 표현들과 독특한 상상이 풍부하다. 이러한 예로서 음식을 소재로 한 작품들과 등가의 재미와 의미를 주지만 '음식 시'가 아닌 '음식 시'를 같이 감상해 보자.

시인은 가을이 몰고 오는 자연의 변화를 놓치지 않고 모아서 '도시락'을 만든다. 가을 하늘이 밥이 되고, 가을 숨소리가 계란말이가 되고, 가을 이파리가 나물이 되고, 나무뿌리가 양념이 되고, 이별 인사가 고명이 되는 가을 도시락. 초하는 음식이 아닌 것도 음식으로 만들어 버리는 기막힌 상상력을 발휘하고 있다. 가을이 몰고 오는 자연이 도시락의 화려한 내용

물이 된다. 하지만 정작 그 내용물을 담는 도시락은 인간이 만든 사각 도시락이고 도시락을 마감하는 것도 인간이 만든 놋수저다. 인간과 자연의 조화를 의미할 수도 있지만 인간이 가진 틀 속에 자연을 가두어 두려고 하는 인간의 무모함을 내포하는 작가의 사유를 담은 듯한 표현이 아닐까. 띄어쓰기를 전혀 하지 않은 문장인 해체시의 특징은 가을이 도시락으로 변하는 상상에 재미를 더해준다.

> [……]
> 바다품은하늘포실포실펴서사각도시락에오보록담고,보라색새벽녘수월해진숨소리로계란말이만들고,여름따라나서는이파리골라조물조물무쳐서얹고,문실문실자랄나무뿌리옹알이몇줌툴툴뿌리고,특별하지않은이별인사고명으로얹어도시락뚜껑닫는다일회용나무젓가락대신변색없다광고하는놋수저도물론챙긴다
>   -「도시락」부분

초하의 상상은 구급차 사이렌 소리를 들으며 누군가의 임종을 생각하는 상상으로 이어진다. 모든 인간은 시한을 알 수 없는 시한부 생명이다. '값도 없을 상상이 또 새로운 동굴을 판다'라는 그녀의 상상은 생명이 시한부임을 깨달은 자의 반복되는 상상이며 시인 마음의 깊이를 느끼게 하는 구절이다.

> [……]
> 갑자기 달려가는 차가운 구급차 비명소리
> 빚쟁이처럼 이런 날 내게도 찾아오면
> 어떻게 해야 하나
> 값도 없을 상상은 또 새로운 동굴을 판다
>   -「원본의 상실1」부분

새로운 동굴을 파는 초하의 상상은 다음의 시에서 알 수 있듯이 장례식장으로도 이어지고 있다.

> [……]

한 사람이 걷고 있다
지팡이 이미 육신 되었고
육신은 빨간불에 횡단보도 건너고
횡단보도엔 짐보따리 끌리고
짐보따리는 유료만 주워담고
유료가 건네는 금목걸이 걸고
금목걸이는 계산기 두드리고
계산기만 조문하는 스산한 장례식

한 사람이 걷고 있다
그니의 고독한 병상 일지가
병상 일지의 고백인 잠꼬대가
잠꼬대가 낳은 열매가
열매의 애통하는 회개가
회개로 향 피우는 기도가
기도로 올려드리는 정결한 장례식

기다리던파란색간선버스올라그자리에질펀하게앉으면상상은하늘의 별같이 …
— 「파란색 간선버스 맨 뒷자리 앞 1인용 의자에 앉으면」 부분

「파란색 간선버스 맨 뒷자리 앞 1인용 의자에 앉으면」은 제목부터 범상치 않다. 범상치 않게 길기도 하지만 범상치 않게 재미있어 호기심을 자아낸다. 버스를 타고 1인용 뒷좌석에 앉아 먼지 낀 차창 밖을 내다보다가 지팡이에 의지해 횡단보도 건너는 노인을 보게 된 시인의 생각은 연상 작용으로 장례식장의 두 모습을 상상해 그려 낸다. 하늘의 별같이 떠오르는 상상은 날개를 달고 시간 속을 날아가 자신의 장례식장에 먼저 다다른 것 같다. 사람은 가지 않고 조의금만 전달하는 장례식과 향을 피우고 기도를 올리는 장례식의 익숙한 두 모습이 시인의 상상 속의 주제가 된 것은 장례식이 끝내 치러야 할 세상의 마지막 의식이기 때문이 아닐까? 의식(意識)이 없는 주인공을 위한 마지막 의식(儀式)이 피어오르는 회개의 향 속에서 아름다운 기도로 별처럼 빛나게 될 것을 상상해 본다. 혼자 왔다 혼

자 가는 여정의 마지막을 위한 의식이기에 그 의식을 향한 상상은, 많은 사람이 함께 타는 버스일지라도 1인용 뒷좌석에 앉아 있을 때 가능했었나 보다. 심오한 재미와 더 심오한 의미가 상상 속에서 함께 피어난 작품이라 하겠다.

시인의 상상은 한 계절을 맞이하고 보낼 때 '계절을 나기 위한 의식'처럼 만남으로 이어진다. 상상 속의 만남. 그녀는 이미 고인이 된 여러 시인을 만나며 계절을 보낸다. 가을에는 전혜린의 쓸쓸함과 지성을 흡수하고, 겨울에는 흰 당나귀를 타고 세상을 버리고 '마가리'로 가는 백석을 만나고 싶은 '백석 앓이'를 한다. 봄에는 촉촉하고 세미한 언어로 세상을 물들이는 정지용을 찾아가 만나는 초하의 '계절 나기'는 상상 속에서나 가능할 수 있는 특별한 만남이다. 가을이면 시인에게 어김없이 찾아오는 쓸쓸함과 설움 돋는 감성은 초하가 흡수하듯 좋아하는 전혜린의 문학을 위한 선물인지도 모르겠다. 감성이 없이는 글을 쓸 수 없고 쓸쓸함이 없이 문학을 좋아할 수 없기 때문이다.

흰 당나귀를 타고 '마가리'로 가는 백석은 그 하얀 색깔 때문에 하얀색이 어울리는 겨울에 초하가 만나고 싶어 하는 시인이다. 얼마나 그리운 시인이기에 '백석앓이'라는 고유명사를 만들어 낼 수 있는 건지 초하의 상상력이 경이롭다. 누군가의 이름에 '앓이'를 붙일 정도로 그리워할 수 있는 것은 마음과 영혼이 순수해야 가능할 것 같다. 그리고 그 누군가가 두고두고 기억될 시인이라면 그 시인을 닮아갈 수밖에 없을 것 같다. 그래서 '펑펑 폭설 내리는 날이면 백석앓이로 다시 펼친다.'라는 구절은 초하의 앞으로의 작품들을 더욱 기대하게 만든다.

초하 시인은 쓸쓸한 가을과 하얀 겨울을 지나 햇빛 꼬물대는 봄에는 정지용의 세미함을 만나 봄을 봄답게 느낀다. 어떤 시인을 깊이 좋아해서 그를 상상 속에서 만나는 것은 바로 자신이 좋아하는 그런 시인이어서가 아닐까? 초하의 시를 읽으면서 때로는 상상 속의 만남이 실제의 만남보다 더 실제 같고 별처럼 빛날 수 있는 순간을 그려 낼 수 있을 것이라는 생각을 한다. 풍부한 상상력과 그 상상력의 진가가 초하의 시에서 별처럼 반짝인다.

1

가을이면 그녀가 영락없이 들어선다. 전혜린. 뮌헨 슈바빙의 추위와 배고픔이 지식 잉태할 때 당신의 깨어있는 머리는 더 허기진 탐닉을 하고 있었다.
[……]
잠자던 감성마저 설움으로 돋는 이즈음 그녀의 쓸쓸함과 꺼지지 않는 지성을 내 가을이 해면처럼 흡수한다.

2

하얀 겨울엔 백석 만난다. 나타샤와 마가리로 가자고 했다, 흰 당나귀를 타고. 세상이 무서워서 떠나는 것 아니라 세상을 버리는 거라고 했다.
[……]
책상 옆, 손 제일 잘 닿는 곳에 아껴 읽는 낡은 당신의 시집. 펑펑 폭설 내리는 날이면 백석 앓이로 다시 펼친다.

3

졸음 피어나는 나른하고 꼬물거리는 어느 봄날, 정지용을 찾아간다.
[……]
세상 들었다 놨다 명연설 아니지만 그 세미함 마음 가득 퍼져 봄을 봄으로 누리게 한다.

—「계절 나기」부분

동굴을 파고 나가듯 상상을 파서 나가는 초하는, 자기의 모습이 흰나비 같은 미소의 얼굴과 발톱 숨긴 살쾡이로도 상상한다. '흰나비의 미소'는 겉모습이고 '살쾡이'는 숨어있는 모습이라 고백하고 있지만 그 고백이 맞는 고백인지 잘못된 것인지는 알 수 없다. 아무도 인정해 주지 않으면 의미 없는 진실이니까. 한편「나는 한 마리 새다」에서는 자신을 날고 싶어 하는 '새'라고 말하고 있다. 하늘 짙푸른 자작나무 숲으로 가기 위하여 묵묵히 날개를 챙기는 한 마리의 새라는 것이다. 자신의 상상 속에서 그녀는 무엇이든지 될 수 있다. 그리고 그 상상은 실제가 될 수도 있는 것이리라.

방금 씻어낸 듯 말간 얼굴

흰나비 한 마리 입술에 앉히고
헤픈 웃음 가만가만 흘려보지만
가슴 한구석
말라버린 우물 빈 두레박엔
날카로운 발톱 숨긴
살쾡이 한 마리 웅크리고 있다.

—「가면」전문

[……]
모르니 어쩌겠나, 모자라도 어쩌겠나
검은 밤 흐르면 흐르는 대로
채찍비 몰아치면 몰아치는 대로
주저 없이 포대기로 업고는
묵묵히 날개를 챙긴다
어디라 했던가
거추꾼 길손이 들려준
하늘 짙푸르다는 자작나무 숲
역류하기 싫은 어설픈 자맥질로
길 물어 찾아가며
스며버린 배꽃의 바다 숨 냄새로
기어코 날아봐야겠다

—「나는 한 마리 새다」부분

  벗겨지지 않는 가면은 가면이 아니라고 한다. 초하의 시「가면」의 속 가면은 영원히 벗겨지지 않을 거라 믿어진다. 그래서 가슴 한구석에 날카로운 발톱을 숨긴 채 웅크리고 앉아 있는 살쾡이는 끝내 그 모습을 드러내지 못할 것 같다. 그게 아니라면 시를 통한 슬픈 고백 속에서만 존재하는 살쾡이는 어쩌면 언젠가는 시인의 상상 속에서 한 마리 새로 변신하여 가면을 찢고 날아오를지도 모르는 일이다. 그러니 그 상상은 실제가 될 수도 있을 것이다. 그래서 시인은「나는 한 마리 새다」의 새처럼 푸르게 출렁이는 바다 숨 냄새로 훨훨 높은 하늘을 향해 날아오를 것 같다. 그렇게 아름답게 날아오르는 시인의 모습을 기대하며 글을 맺는다.